U0589428

同心同行，共建小语家园

小学语文名教师工作室建设实践探索

吴佩新 / 主编

中国出版集团　现代出版社

图书在版编目(CIP)数据

同心同行，共建小语家园：小学语文名教师工作室
建设实践探索 / 吴佩新主编. — 北京：现代出版社，
2021.6

ISBN 978-7-5143-9323-1

Ⅰ.①同… Ⅱ.①吴… Ⅲ.①小学语文课—教学研究
Ⅳ.①G623.202

中国版本图书馆CIP数据核字（2021）第133930号

同心同行，共建小语家园：小学语文名教师工作室建设实践探索

作　　者	吴佩新	
责任编辑	张桂玲	
出版发行	现代出版社	
地　　址	北京市安定门外安华里504号	
邮政编码	100011	
电　　话	010-64267325　64245264	
网　　址	www.1980xd.com	
电子邮箱	xiandai@cnpitc.com.cn	
印　　制	北京政采印刷服务有限公司	
开　　本	710mm×1000mm　1/16	
印　　张	12	
字　　数	192千字	
版　　次	2021年6月第1版　2021年6月第1次印刷	
书　　号	ISBN 978-7-5143-9323-1	
定　　价	45.00元	

版权所有，翻印必究；未经许可，不得转载

编 委 会

主　编：吴佩新

编　委：王文敏　罗　慈　林玉端

目 录

第一篇　齐心协力，打造我们的工作室

追寻幸福的语文人生 ·················· 2

同心同行，成就最美小语人 ·················· 5

在工作室揭牌仪式上的发言 ·················· 13

第二篇　厚植根基，提升专业素养

研读专著 ·················· 16

主持人寄语：让阅读成为一种习惯 ·················· 16

《给教师的建议》读书笔记 ·················· 19

关于阅读的一点思考 ·················· 22

做个有温度的教师 ·················· 24

《赏识你的学生》读书笔记 ·················· 26

读王崧舟《语文的生命意蕴》有感 ·················· 29

《于永正：我怎样教语文》读后小记 ·················· 31

语文课堂应拥有浓浓的"语文味" ·················· 33

聆听讲座 ·················· 37

此生至爱是读书 ·················· 37

实践出真知 ·················· 42

听名师讲座，谈个人为师心得 ·················· 45

专家引领　助推成长 ·················· 48

享受读书的乐趣 ·················· 50

以"语"动人，以"文"化人 ·················· 52

教书·读书 ·················· 54

听王文丽老师报告"读书至味是清欢"有感 ············ 56

做孩子阅读的点灯人 ·································· 58

让琅琅书声成为课堂上最美妙的声音 ················ 61

探究有效教学，寻找学习真谛 ······················ 64

语文课堂教学应该回归母语习得的本质 ·············· 66

第三篇 专题研修，锤炼专业能力

跟岗学习 ·· 70

学习永远在路上——微课学习心得 ················ 70

名师引领，扬帆起航 ······························ 72

新教材·新理念·新教法 ·························· 74

坚定信念，始终如一 ······························ 77

聚焦名师课堂，探索永无止境 ···················· 80

外出研修 ·· 82

同心同行，遇见美好 ······························ 82

学然后知不足　做必定能发展 ···················· 84

研修心得 ·· 88

京城喜相逢，研修撷硕果 ·························· 90

联动研修 ·· 92

揭阳市"整本书阅读"教学研讨会致辞 ·············· 92

《小王子》导读课教学设计 ························ 93

"整本书阅读"研讨活动发言 ······················ 98

跨市联动　携手共研 ···························· 101

第四篇 课题研究，促进专业发展

2018—2020年广东省中小学名教师、名校（园）长工作室课题

研究方案 ·· 106

利用课前三分钟听书　激发学生阅读兴趣 ·········· 113

浅谈如何培养学生的阅读兴趣 ···················· 117

《森林报》整本书阅读教学设计 ···················· 120

学海无涯"乐"作舟 …………………………………………… 125

《小英雄雨来》整本书导读教学设计 ……………………………… 129

《要是你给小老鼠吃饼干》绘本指导课教学设计（一年级）… 134

《三国演义》整本书导读微课教学设计 ………………………… 139

第五篇　示范引领，辐射周边地区

送教下乡 …………………………………………………………… 144

《月光曲》教学设计 ……………………………………………… 144

遵循规律，着眼语文素养的发展 ……………………………… 150

《桥》教学设计（第二课时） ………………………………… 153

《桥》说课稿 ……………………………………………………… 156

领悟编写意图　准确定位目标　改进教学方法 …………… 160

《日月潭》教学设计（第二课时） …………………………… 163

以"课"传情，用"研"达意 ………………………………… 167

教学设计 …………………………………………………………… 170

《老人与海鸥》教学设计（第二课时） ……………………… 170

《圆明园的毁灭》教学设计 …………………………………… 175

《纸船和风筝》教学设计 ……………………………………… 180

1

第一篇

齐心协力，
打造我们的工作室

追寻幸福的语文人生

——记普宁市流沙第二小学副校长　吴佩新

有人说：把工作当职业是谋生，把工作当事业是追求。1987年毕业于普宁师范的吴佩新，从一名中师毕业生成长为广东省特级教师、广东省名教师工作室主持人，正因为她对语文教育的执着追求、矢志不渝。

一、爱语文的孩子成了语文老师

一个人遇到好老师是人生的幸运。吴佩新对语文的热爱，始于小学时的一位语文教师，一位在三年级的语文课堂上为学生连续讲《水浒传》的民办教师——蔡信敬老先生，他拿手的"讲古"，在孩子幼小的心灵播下阅读的种子，吴佩新从此爱上语文，爱上阅读，以至于中师毕业后，毫不犹豫地选择当语文教师。大量的阅读让她积淀了较为丰厚的语文功底，加上扎实的教学基本功，在新教师汇报课上，她赢得了富有经验的老教师的由衷称赞："妹仔呀，你的课讲得真好！"

二、"会教书的妹子"成为"南粤优秀教师"

同行的鼓励，学生的喜爱，让初出茅庐的吴佩新备受鼓舞。她乘胜前进，一路加油，一路高歌。一方面，她业余参加高一级函授学习，提高自身知识修养和业务水平；另一方面，她倾心教学，悉心辅导学生，年轻的吴佩新站稳了中学讲台，开始细品当语文教师的快乐与幸福。

1990年，吴佩新调往普宁市流沙镇大扬美小学工作。从中学教师到小学教师，角色有所变换，不变的却是她语文教师的身份。当小学语文教师，她更是如鱼得水，这一年，她以《七颗钻石》一课获普宁县优秀课例比赛优秀奖（当时的最高奖），开始在小学教学中崭露头角并为"伯乐"所发现。

1991年，吴佩新调到普宁市流沙第二小学工作。在伯乐般的秦雪卿校长的悉心指导下，在自己的精心准备下，《穆老师的眼睛》一文公开课又是一炮打响，赢得了听课者的交口称赞。此后，吴佩新一发不可收拾，教、研结合，以教为基础，以研为提升，教学水平、教研能力迅速提高，教研成果一路凯歌高奏。参加镇、市课堂教学比赛，多次获一等奖；《教给自学方法，培养自学能力》等多篇论文是她"培养学生自能读书"探索的结晶。在此期间，吴佩新完成了从中师学历向大学本科学历的华丽转身。

自强不息，虚心向学，吴佩新教、研双丰收，学历、学力双提高。2000年，她获"南粤优秀教师（教坛新秀）"的荣誉，可谓实至名归。

三、从"教坛新秀"到广东省名教师工作室主持人

流沙第二小学是流沙镇名校，这里学习、研究氛围浓厚，是人才成长的摇篮。吴佩新的语文名师之路正是从这里铺开。

教坛新秀吴佩新把荣誉当作动力，砥砺前行，教研、科研更上一层楼。"提高阅读教学实效性""课外阅读指导"及"小学生经典诵读"等主题的研究、探索、实践，"课前指导预习，课堂指导读书方法，课外指导选择阅读"等成功经验的应用推广，使她不断向着名师的境界靠拢。一节节公开课、示范课、优质课的历练，让她逐渐形成扎实灵动的教学风格，善于反思、注重积累又让她的论文、优秀教学设计频频获奖或发表。承担校本教材《古诗文诵读精华》《名诗与名言》《弟子规》《三字经》的主编工作，为推动学校的经典诵读活动，吴佩新付出了大量的劳动。

作为研究教育方法、探究教育规律、破解教育难题的科研活动，课题研究历来是教研的重头戏，是从优秀教师转向卓越教师的必经之路。吴佩新参与或主持的课题有近十个，如2001年参加省级骨干教师培训期间，进行了"小学语文'泛读'组织形式的研究"的课题实验；2007年主持"中华传统文化教育研究"课题的子课题；近几年结合统编教材的使用，她又主持"语文核心素养背景下阅读习惯培养策略的研究""小学生阅读素养培养策略研究"等课题研究，积累了推广阅读的一系列研究成果，为推动本地区的阅读

活动，建设书香社会奉献力量。吴佩新还参与了多套教学参考资料的编写，如杨建国先生组织的《小学生中华传统文化精选读本》《小学语文阅读与运用》以及语文出版社组织的《语文（S版）教学参考（电子版）》。

"一枝独放不是春"，得益于老教师传帮带的吴佩新，回头又报之以琼瑶，把自己的能量无私地传递给更年轻的教师，培养了一个个优秀的教研团队、一批批优秀的语文教师，她指导的王文敏、陈冬敏、陈敏玲等教师在省、市级教学比赛、教学论文评比中屡获佳绩。

坚持登一座山的人一定会到达顶峰，坚持干一项事业的人一定会干得出色。吴佩新在语文教研园地挥洒汗水，也品味收获的甘甜，一项项桂冠犹如枝头累累的硕果：2010年被评为广东省特级教师，2011年荣获"首届潮汕星河辉勇师表奖"，2018年又成为广东省吴佩新名教师工作室主持人。

吴佩新说，其实无所谓是否优秀，更无须在乎物质上拥有多少财富，只要你坚守初心，沿着自己的路一直平静地走着，就能享受教育带给你的幸福。如今，吴佩新正与更多热爱教育、热爱语文的人，携手行走在幸福的语文人生大道上，相信更美的风景就在前方。

（此文发表于《粤东基础教育研究》2020年第4期）

同心同行，成就最美小语人

——我和我的工作室

主持人简介

吴佩新，小学语文高级教师，现任揭阳市普宁市流沙第二小学副校长，韩山师范学院兼职教授，韶关学院省级中小学教师发展中心兼职教授，揭阳职业技术学院师范教育系初等教育专业校外兼职教师，第四届、第五届揭阳市督学。从教33年来，她一直致力于小学语文教学的研究及阅读推广活动。尽管处于教育欠发达地区，但她始终坚守初心，矢志不渝，耕耘于语文教育的田地里，探索提高阅读教学实效性的策略，在本地区率先尝试以指导整本书阅读来培养小学生良好的阅读习惯，先后对省、市级课题"小学语文'泛读'组织形式的研究""小学生阅读素养培养策略研究""语文核心素养背景下阅读习惯培养策略的研究"等做专门研究，并取得一定效果；《提高阅读教学实效性之我见》等多篇论文及《让阅读成为习惯》等教育随笔获奖或发表，参与《小学生中华传统文化精选读本》《小学语文阅读与运用》等多套教学辅导书的编写；荣获"南粤优秀教师（教坛新秀）""广东省小语会成立30周年先进工作者""广东省特级教师""首届潮汕星河辉勇师表奖"等称号；普宁电视台、《普宁教育》、《揭阳日报》等媒体曾对本人及本工作室做专访报道。

工作室理念及特色

同心同行，同研共长，成就最美小语人。意为：本工作室聚集一批志同道合、怀揣共同教育理想的小语同人，在我的带领下，以工作室为平台，以"提高阅读教学实效性，提升学生语文素养"为目标，共同探索提高语文课堂教学实效性、课外阅读课程化实施策略及推广阅读的路径，向着文化底蕴深厚、课程视野宽阔、专业素养精湛的最美小语人迈进。

工作室建设路径、策略及成果

正如歌词所唱"阳光下炫丽的五色花，沐浴时代春风茁壮成长。风雨里，我们挺起胸膛，为了共同的梦想去拼去闯……"广东省吴佩新名教师工作室的成立也恰逢国家教育的春天，恰遇一群同心同行的小学语文教师的加盟，使它自2018年启动以来就茁壮成长。本工作室是揭阳市首个小学语文省级名教师工作室。工作室秉承"研究的平台、辐射的中心、师生的益友"的宗旨，践行"同心同行，同研共长，成就最美小语人"的理念，致力于提高语文课堂教学实效性、课外阅读课程化实施策略及推广阅读的研究。在各级领导的指导下，工作室按照健全制度、活动推进、辐射引领的运作策略，以集中研讨与自我研修、线上线下相结合的路径，通过名师引领、专家讲座、课题研究、室际交流等方式，从团队建设、名师培育、功能发挥三个方面进行内涵建设，工作室通过QQ群、微信群、网络工作室、工作室公众号等媒介和平台，打造一个集教学、教科研、培训于一身的教师专业学习共同体。两年多来，我们脚踏实地，仰望星空，幸福地追逐共同的梦想。

一、厚实根基，提升专业素养

1. 研读专著

平时教研的接触了解，深知教学理论是多数小学教师的短板，即使入选工作室的学员也不例外，因此，工作室启动后，我先想到的就是努力提升学员的教育教学理论素养。首先，工作室设立了书库，购置了《给教师的建议》《陶行知文集》《叶圣陶语文教育论集》等教育专著，订阅《小学语文教学》《小学语文教师》等专业杂志，丰富学习资源。接着拟订读书计划，组织全体成员认真研读，结合实际撰写读书心得。大家通过深入研读与交流，与名家对话，汲取先进的教育理论、教育思想，学习高超的教学技术，了解学科领域的最新动态，反思、内化，实现专业理论水平的逐步提升。

2. 聆听讲座

读万卷书，不如行万里路；行万里路，不如阅人无数；阅人无数，不如高人点悟。为开阔学员视野，提升学员认知水平、专业素质和科研能力，我从解读《义务教育语文课程标准（2011年版）》开始，经常为工作室成员开设讲座，还聘请高校专家、一线名师走进工作室，用名家名师的思想熏陶、引领大家成长。具体活动如下。

2018年11月22日，韩山师范学院曾泽怀教授为工作室成员带来讲座"核心素养与新时代的人才观"；韩山师范学院李静教授为工作室成员带来讲座"中小学教师如何开展课题研究"。

2018年11月23日，普宁市教育局教研室柳文龙主任结合自己丰富的教学经历，为工作室成员带来讲座"成长于课堂，成功于磨炼"。

2018年11月24日，广东省陈贵妹名教师工作室主持人陈贵妹老师开设专题讲座"微课与翻转课堂"。

2019年4月1日，韩山师范学院黄俊生副院长为工作室成员带来题为"《中国教育现代化2035》与粤东中小学教学现代化"的讲座。

2019年8月20日，廖圣河博士为工作室成员及普宁市流沙第二小学全体教师开设"做智慧型教师建智慧型课堂——例论教学机智的特点、方法及养成"和"教学论文的选题与写作"两场讲座。

2019年12月9日，广东省郑冬梅名教师工作室主持人郑冬梅老师，在普宁市红领巾实验学校为工作室成员及揭阳市400多名小学语文骨干教师开设讲座"基于语文学科特点的宽语文教育"。

3. 线上研修

信息技术的高度发达，为我们提供了丰富的网络学习资源，我开启"千里眼"及"顺风耳"，收集最新相关信息，及时组织学员开展线上主题研修。大家通过听名师聊读书、写书、教书，听专家指导整本书阅读如何开展，统编版教材怎样教、怎样学，再结合自己平时的教书、读书，反思不足，汲取精华，收获满满。尤其是2020年春天，一场突如其来的新冠肺炎疫情打乱了工作室的研修计划，我便及时调整方向，转线下为线上研修。具体如下。

2020年2月9日至15日，利用《中国教育报》"好老师"平台组织的"给老师的治愈系读书课"，组织了为期七天的研修活动，通过线上同看直播，先在微信群畅谈感受，再具体写成篇的心得体会在工作室公众号发表交流。

2020年4月6日至6月5日，组织工作室的所有成员参加了由东南教科院主办的"儿童阅读种子教师线上研修班"，学员们对整本书阅读指导进行深度研修，并在工作室公众号上发布了多篇学习心得，有效提高了开展阅读推广活动、培养学生阅读兴趣的能力。

2020年9月19日至20日，组织工作室成员参加"'千课万人'全国首届小学教学网络峰会系列之一'小学语文教学论坛'（语文要素与实践成长）"线上研修活动，大家利用周末两天时间，线上观摩了许嫣娜、陆虹、薛法根、何捷、赵志祥、蒋军晶、王崧舟、孙双金、罗才军9位当今小语界名师的课例及微报告，学习名师们对统编版教材编写理念的独到解读，课堂上对语文要素的落实到位及纯熟驾驭课堂的艺术，增强用好统编版教材的信心及能力，积蓄力量，向名师的高地迈上更踏实的一步。

二、专题研修，提升专业能力

1. 跟岗学习

上好课是名师成名的首要条件，几乎所有的名师都是在课堂上摸爬滚打，以至最终练就高超的教学艺术，形成独特的教学风格。因此，工作室致力于修炼学员的教学技能，有计划、有目的地开展跟岗学习活动，按听课—磨课—讲课的顺序逐步推进，组织了以下活动。

（1）2018年11月23日，工作室全体成员聆听了普宁市流沙第二小学杨朝晖老师和周春华老师的同课异构《日月明》。课后，我组织工作室成员就两节识字课的亮点、值得借鉴的地方以及自己的困惑之处畅所欲言，相互切磋、相互交流。

（2）2018年12月10日，工作室全体成员聆听了普宁市流沙第二小学陈冬敏老师执教的《老人与海鸥》和工作室助手王文敏老师执教的《月光曲》。

（3）2019年3月31日，我组织工作室成员开展研课磨课活动，学员代表杨旭珊、朱素丽、李雪吟进行现场说课，大家再提出改进建议，形成更完善的教学设计。

（4）2019年10月21日至26日，我组织了"新教材·新理念·新教法"专题研讨，每人各上一节课，体现自己对新教材的理解，然后组织大家对每节课都做了详细的点评，并提出如何用好统编版教材的建议。

（5）2020年12月18日，工作室全体成员聆听了普宁市流沙第二小学蔡惠娜老师执教的《神奇种子店》和朱满虹老师执教的《孤独的小螃蟹》两节绘本导读课，使大家进一步转变观念，深入领悟统编版教材"精读""略读""课外阅读"三位一体的编写理念，明确课外阅读指导已经是语文教师非做不可的事，应积极行动，落到实处。

研课、磨课、上课，工作室成员在"真枪实剑"中激发创造性学习力，共同寻找实现高效课堂的有效途径，教学技能和学科素养都有了质的飞跃。

2. 外出研修

走近名师，感受名师的风采，学而知不足，知不足而好学，这是我一直推崇的。我积极组织外出研修，两年多来，共有30多人次外出参加各种研修活动。具体如下。

2018年7月14日至20日，我以工作室主持人身份和助手王文敏老师到韶关学院参加广东省2018年中小学名教师工作室主持人及核心成员专项研修班学习，学习工作室内涵建设及运作的方法、策略。

2018年9月27日至30日，我以工作室主持人身份和助手王文敏老师到兰州参加被誉为"全国小语教学方向标"的第三届小学青年教师语文教学观摩活动，了解最前沿的小语教学信息。

2018年11月7日至11日，工作室全体成员赴浙江台州参加王崧舟工作室主持的研修活动，研讨统编版教材的教与学。此行使工作室成员对如何使用统编版教材有了明确的方向。

2018年12月6日至8日，工作室学员赴韩山师范学院进行为期三天的入室学员培训。学员在思想高度上对教育教学有了更加深刻的认识，明确了自己的定位，激发了正能量。

2019年4月27日至29日，工作室全体成员走进美丽的深圳大学，参加由东南教科院和儿童阅读课程研究中心主办的一场阅读盛宴——2019年春季儿童阅读课程推进大会。大家观摩了名师的课例与讲座，习得推广阅读的方法，播撒阅读种子、推进儿童阅读的信心更坚定，步伐更矫健！

2019年5月10日，工作室技术专家罗慈老师赴广州市广播电视大学参加广东省名教师、名校（园）长工作室省教育资源公共服务平台网络空间应用培训活动，从而推进了工作室"互联网+"网络研修行动和网络空间建设。

2019年9月16日至21日，我以工作室主持人身份和助手林玉端老师到南京参加广东省2019年中小学幼儿园名教师、名园（校）长工作室主持人团队专项研修活动。名师们的传道解惑，使我们如沐春风，满载而归。

2020年10月31日至11月7日，我带领工作室成员共11人，参加北京奥鹏教育培训机构组织的2020年广东省小学语文名教师工作室团队联合研修，本次研修邀请了北京小语界的名师、专家，为大家带来一场场精彩的讲座，从教学实践经验到理论，从课标解读到实践操作，从作文教学到整本书阅读指导，大家深切感受到京城名师宽阔的视野、精深的专业知识，敬佩他们对教育的不懈追求。

3. 室际联修

2019年12月9日，工作室与深圳市新洲小学的郑冬梅名教师工作室，在揭阳市教育局教研室的支持下，联合在普宁市红领巾实验学校举行"整本书阅读"专题教学研讨活动。本次活动结合部编版教材的新理念，以现场课和专家讲座的形式，为揭阳市400多名小学语文骨干教师做"整本书阅读指导"示例，反响特别好。我在会上发出了"推广阅读"的倡议。工作室在区域性推广阅读上又迈出了有意义的一步。

三、课题研究，促进专业发展

课题研究是促进教师专业发展的一条有效且必要的途径，是从优秀教师转向卓越教师的必经之路。工作室秉持以课题推动教师发展，以科研提升教师素养，以研究来形成教师个人特色的理念，通过在课题中反思、实践、再反思，实现由经验型向专家型教师转变。根据工作室工作目标，我组织大家开展"小学生阅读素养培养策略研究"课题研究，探索培养小学生阅读素养的有效途径和方法。该课题于2019年8月19日在普宁市流沙第二小学举行开题报告会，目前正有条不紊地开展研究工作。

四、送教下乡，辐射引领

示范引领是工作室的职责，能发挥工作室成员的示范、带头、辐射作用，搭建展示才智、成果的平台，在修炼中互补、互哺，共生、共长。工作室成立至今，共组织了五场送教下乡活动。

（1）2018年12月13日上午，我带领工作室核心成员到大坝小学送教，工作室助手王文敏老师为该校六（1）班学生上了《月光曲》一课，我结合《义务教育语文课程标准（2011年版）》，对备课及实施教学时如何"遵循规律，着眼学生素养发展"进行了详尽的阐述。此次活动充分激发了该校教师的科研积极性，达到"送来一堂课，带动一个面"的效果。

（2）2018年12月13日下午，我们马不停蹄，又到普宁市洪阳镇第五小学送教，我跟该校领导班子分享了教师专业发展模式的校本研训模式，并向该校赠送了教学杂志等教学资源。

（3）2019年6月12日，我及工作室核心成员王文敏、罗慈两位老师到汕头市潮阳区华斯达学校开展送教活动，我为该校全体语文教师开设了"提高阅读教学实效性的策略"专题讲座，受到教师们的热烈欢迎，发挥了工作室的引领和辐射作用。

（4）2019年10月25日，工作室到普宁市偏远山区大坪镇送教。工作室助手王文敏老师为大坪小学的孩子们上了《小王子》导读课，技术专家罗慈老师给孩子们上了统编版六年级上册《桥》这篇课文，参与听课的是大坪镇全体语文骨干教师。课后，我为听课领导、教师做了题为"领悟编写意图，准确定位目标，改进教学方法"的报告，普宁市教育局小语教研员马丹虹主任就如何使用新教材提出了切实可行的建议。本次活动为大坪镇的语文教师如何用好新教材指明了方向，得到了该镇领导、师生的高度评价。

（5）2020年10月21日，工作室到普宁市军埠镇送教。工作室技术专家罗慈老师给军埠镇后楼小学二（3）班的孩子们上了《日月潭》一课，参与听课的有军埠镇小学语文学科教研员、各小学语文教研组长和镇语文青年教师代表等。课后，各校代表各抒己见，普宁市教育局小语教研员马丹虹主任做了中肯的点评，我为大家做了专题讲座"用好统编教材，提升语文素养"。

工作室就是这样通过以"课"传情、用"研"达意的"送教下乡"活动，践行着"示范引领和辐射带动作用，提升乡村学校教师的教育教学能力"的职责和使命。

五、辛勤耕耘，喜获硕果

汗水滋养新苗绿，心血浇开桃李花。从摸着石头过河到各项活动的顺利开展，我们一路耕耘，一路花开，喜获累累硕果：工作室成员多篇作品发表或得奖，多名成员在所在区域承担示范课，如工作室助手王文敏在"揭阳市整本书阅读教学研讨会"上执教《小王子》导读课，杨旭珊、余丽旋、谢培苗、朱素丽等都在所在区域承担示范课，翁泽星成为惠来县小学语文名师工作室主持人，带领该工作室成员举办多次活动……

"路虽远，行则将至；事虽难，做则必成"，工作室的成长过程，不正印证了这句话吗？两年多的引领、浸润、实践，我们互相鼓励，共同品味学习、研讨带来的甘甜，不知不觉中对语文、对语文教育都有了更深的领悟，对语文课堂有了更宽的视野、更高的站位。我想，每一位成员的成长，受益的不只是学校，而是整个揭阳市，乃至粤东、全国……回首来时路，开启新征程！我们将继续一步一个脚印，幸福地行走于小语园地，相信，最美小语人正悄悄成长！

在工作室揭牌仪式上的发言

尊敬的张院长、李教授、曾教授，诸位领导、老师们：

上午好！首先，请允许我代表工作室所有成员，衷心感谢诸位领导、专家在百忙中莅临我校指导，这是对工作室莫大的支持和鼓励；同时，感谢上级主管部门及学校班子成员在工作室创建过程中给予我们的指导与帮助。

广东省名教师工作室这个项目早在2012年就启动了，到今年这一批已经是第五批了，不过在我们揭阳市，我与陈贵妹老师这两个工作室是揭阳市目前为止仅有的小学省级名教师工作室，我们深感荣幸，但也深感肩负责任之重大。我们工作室的组成是这样的：主持人1人、高校指导专家1人，教研员1人，技术专家1人，工作室助手2人，再加10名培养对象（10位老师分别来自揭阳市揭东区等9个县市的10所小学，他们都是学校的骨干教师）。另外，我们还将招收100名网络学员，只要是有志于小学语文教学研究的教师都欢迎加入。工作室的建设周期是3年（2018—2020年），工作室将以"引领、互助、合作、共享"为宗旨，从理论学习、课例研讨、课题研究等方面开展研修。以主持人引领和自主研修相结合的方式，依托工作室网络空间和微信公众号，拓宽沟通渠道，加强合作交流，以期形成"相互学习、教学相长、共同成长"的良好局面。希望通过3年的努力，工作室全体成员在教育理念、教学风格和教学主张等方面有大幅度提升。通过研讨会、送教下乡等形式在本地区发挥示范、引领、辐射作用，为推动揭阳乃至粤东的小学语文教学发展尽责尽力。我相信，有上级的指引，有专家的指导，有学校的关心和支持，没有克服不了的困难！诗人汪国真说得好："既然选择了远方，就只顾风雨兼程！"我也相信一位名师所说："教育是做的哲学，和团队一起做，做起来，持续做，一定会有收获！"再次感谢大家！谢谢！

吴佩新

2018年11月22日

2

第二篇

厚植根基，
提升专业素养

主持人寄语：让阅读成为一种习惯

普宁市流沙第二小学　吴佩新

　　阅读能让人增长知识，开阔视野。苏联教育家苏霍姆林斯基曾说："让学生变聪明的办法不是补课，不是增加作业，而是阅读、阅读、再阅读。"著名语言学家吕叔湘则说："语文学习，三分得益于课内，七分得益于课外。"对此我也深有体会，幼年时多读了几本书，语文不怎么用功就读得很好。现在每有家长问及学好语文的秘诀，我也总会告诉他们："书读多了，语文自然也就好了。"如今《义务教育语文课程标准（2011年版）》也明确提出，"培养学生广泛的阅读兴趣，扩大阅读面，增加阅读量，鼓励学生自主选择阅读材料。少做题，多读书，好读书，读好书，读整本的书"，并规定了6年的阅读总量不少于145万字。

　　然而，我们国家从一个崇尚读书、喜爱阅读的文明古国沦为如今人均阅读量低于世界人均阅读量的国家之一。据调查统计，2011年我国人均读书仅4.3本，远低于韩国的11本，法国的20本，日本的40本，犹太人的64本！近观本地区，阅读的状况也不容乐观，大人、小孩能主动阅读的极少。究其原因，一方面是社会人心浮躁，功利心强，谁都不愿把时间花在读书上；另一方面是应试教育占据了学生大量的课内外学习时间，还有诱惑力极强的影视、网络也抢占了他们宝贵的课余时间。因此，培养儿童的阅读兴趣，让阅读成为一种习惯已是刻不容缓。作为教育工作者，我们应该担当起儿童阅读推广之重任，做阅读的点灯人。

　　如何培养孩子们的阅读习惯呢？经过近十年的探索实践，我认为可从以下几个方面入手。

一、转变观念，提高认识

长期以来受应试教育的影响，教师们总是把课内学习当作硬任务，把课外阅读看成软指标，多数教师包括家长都担心课外阅读会占用学生的时间，影响学习成绩，不支持学生阅读课外书。

针对这种情况，首先应在转变教师观念、提高认识上下功夫，使教师认识到：课外阅读不但能扩大知识面，更重要的是能为学生储存童年的精神，为其今后的人生奠定精神基础，它不是可今天读可明天读，而是必须养成的习惯。同时，通过家长会等形式，让家长认识到儿童阅读之所以重要，是因为阅读的黄金时间在儿童时期，良好习惯的养成关键也在儿童时期，错过花期的花，既开不持久，也难以芬芳。

二、营造氛围，激发兴趣

读书氛围是影响学生心理状态的重要因素。学校应营造浓郁的阅读氛围，可精心布置美化校园，让校园弥漫优秀文化的气息。例如，在校园墙壁、走廊显眼的位置张贴读书标语，名人名言；利用红领巾广播站向学生介绍古今中外热爱读书的一些名人名家的故事，如文学家高尔基，伟大领袖毛泽东，大作家老舍、叶圣陶、冰心等，使学生逐渐认识到只有多读书、肯读书，才能有较高的阅读能力，激发学生读书的兴趣，让学生以积极主动的心态投入课外阅读中去。

三、丰富活动，推动读书

1. 规定阅读时间，保证阅读量

每天的时间是常数，为了确保学生每天的阅读时间，教师们应在作业上做"减法"，在课外阅读上做"加法"，精减书面作业，将课外阅读作为学生每天必修作业，要求学生每天要保证课外阅读不少于30分钟。时间充足，阅读量自然也有保证。

2. 推介读物，开设课程

小学生的课外阅读苦于不会选书，不会读书，需要教师对其进行从读书内容到读书方法的引导点拨，解决"读什么"与"怎样读"的问题。学校可根据各年级学生在识字、阅读能力、生活经验等方面的差别，分年级推荐适合学生阅读的书籍。像我们学校，近十年来，每学期均为学生推荐2本必读的课外书及15首古诗词、15句名言警句。为使学生的阅读落到实处，学校还应开设阅读课，每班每周一节，专课专用，要求教师分阶段上好读物推荐课、读书方法指导课、读后交流汇报课。此外，还可在课前三分钟让学生做读书介绍、古诗词背诵、讲故事、新闻发布等，让学生巩固阅读成果，训练口头表达能力，增强阅读兴趣。

3. 开展竞赛活动，评选"阅读之星"

为了激发学生的读书兴趣，学校应开展丰富多彩的读书活动，为学生搭建展示阅读成果的平台。例如，举办读书节、演讲比赛、故事会、手抄报比赛等，要求手抄报内容必须以介绍读书经验、推介名家名篇、分享读书趣事等为主；开展以古诗文、名言警句为书写内容的硬笔书法比赛，组织评选"阅读之星""书香班级"。让每一个学生都能把自己在读书活动中的所想所感，通过自己的才艺表现出来，并在活动中体验阅读的快乐，推动学生的读书热情。

一位儿童阅读推广人说："我们不是文学家，可能无法做到文笔精妙，但我们可以做到让孩子们与经典唱和，与名家对话，让他们在课外阅读中走向丰富；我们不是演讲家，可能无法做到时时妙语连珠，但我们可以做到让孩子们海量阅读，在基于读书的丰富多彩的活动中拥有口才；我们不是哲学家，可能无法做到思想深邃，但是我们可以做到让孩子们直面文本，亲近阅读，让他们在阅读的思考中变得智慧。"孩子若能在小学阶段养成爱读书的习惯，将会终身受益。

《给教师的建议》读书笔记

揭东区新亨镇硕榕中心小学　林小红

我拜读苏霍姆林斯基的《给教师的建议》，收获颇多。书中共有100条建议，里面既有生动的实际事例，也有精辟的理论分析，很多都是苏霍姆林斯基在教育教学中的实例。看过之后，我受到极大的启发和深深的触动。其中给我印象最深的是第22条建议——争取学生热爱你的学科。下面，结合我的教学实践谈谈对这一条建议的感受。

苏霍姆林斯基指出："每个教师都在尽量唤起学生对自己所教学科的兴趣，使他们入迷地酷爱这门学科。"但如何让学生喜欢自己的学科呢？这对教师提出了很高的要求，不仅要求教师具备高尚的人格去感化学生，用智慧去启发学生，而且要求教师有高超的教育艺术去吸引学生。那么，如何才能点燃学生兴趣的火花，争取学生热爱自己的学科呢？我认为，应从以下几个方面着手。

一、认真备课

充分备课是上好一堂课的前提，是教师必须做好的一件事。教师要认真钻研教材和大纲，认真领悟新课改的精神，广泛查阅各种资料，精心备好每一堂课。苏霍姆林斯基指出："有经验的教师都在努力做到这样一点：在他的学生热爱的那门学科方面，教师制度的东西要比教学大纲要求的多十倍至二十倍。"通过充分、精心的备课，才能在课堂上旁征博引、妙语连珠，调动学生的注意力和兴趣。备课不仅是备教材，更重要的是备学生，要考虑学生的实际情况，课堂上让每一个学生都有事可做，让每一个学生的思维都活动起来，让每一个学生都参与到教学活动中来，这样的课堂是令人向往的、师生互动的、气氛热烈的、和谐积极的，这样的课堂无论是教师还是学生都会有一种愉悦的心情。这样才能提高课堂效率，使课堂成为学生学习知识的乐园，从而调动学生对这门课的兴趣。

二、精心设计课堂语言

苏霍姆林斯基特别指出了教师的语言素养是上好一堂课的关键，他说："教育的艺术首先包括谈话的艺术。"教师的教学效果在很大程度上取决于他的语言表达能力，这就给教师的语言修养提出了很高的要求。如果教师的语言素养好，那么他上起课来会非常轻松，学生听得也非常明白，课堂效率怎能不高呢？相反，语言能力差，不仅会影响课堂效率，而且会让学生不喜欢这个教师和这门学科。所以，我们要精心设计课堂语言，争取用准确、轻松、易懂、风趣的语言吸引学生。

三、用赏识的眼光看待学生

如何才能让学生喜欢自己的这门学科？我认为，做一名合格的教师就要爱学生，用真诚平等的态度赢得所有学生的爱戴，这样也就自然而然地走进了学生的心灵世界。爱学生，就必须把自己当作学生的朋友，走进学生的内心情感世界，去感受他们的喜怒哀乐。苏霍姆林斯基说："您若变成小孩子，便有惊人的奇迹出现：师生立刻成为朋友，学校立刻成为乐园；您立刻觉得是和小孩子一般大，一块儿玩，一处做工，谁也不觉得您是先生，您便成了真正的先生。"爱是一种最有效的教育手段，爱可以温暖一颗冰冷的心，可以使浪子回头，当他们体验到老师对自己的一片爱心和殷切期望时，他们就会"亲其师而信其道"。记得刚当五（2）班班主任时，我就注意到了小波同学，他很内向，经常沉默寡言，对老师和同学爱答不理，我行我素。对这样的学生，我经常主动亲近他，与他交谈，嘘寒问暖，他有了一点变化，我就表扬他，并趁热打铁，当了解到他因父母离异，母亲不关心他，才变得如此孤僻时，我暗中叫几名学生主动亲近他，与他交谈，一起玩，他渐渐有了笑容。有一天，天色很晚了，外面风雨交加，电闪雷鸣，小波妈妈突然打来电话，刚接通电话就听她紧张地说："老师，小波下午跟我吵了一架就离家出走了，到现在还没回来，现在天气这么恶劣，我怕他出什么事，你能帮我找找吗？"我说："行！你别着急，我现在就去。"我急忙披上雨衣，先到几名同学家去看看，都没有，我又到几家网吧去看看，他果然在一家网吧里面，正玩得入迷。我拍了他一下肩膀，他吓了一跳："老师，你怎么来这里？"我说："小波，这么晚了，你怎么还不回家？你知道你妈妈和老师有多着急吗？来，我带你回家。"他就是不肯回家，最后，通过劝说，好不容易把他带回我家，再打电话通知他妈妈，然后为他准备晚饭，并找来我儿子的衣服给他换洗，等一切安顿停当之后，再慢慢跟他交谈，让他认识到自己的错误。他看到我湿漉漉的衣服以及为他张罗的一切，激动地说："老师，我错了，我以后一定改。"这时，我毫不吝啬赞扬的语言。因为我记住了苏霍姆林斯基告诫我们的话："成功的欢乐是一种巨大的情绪力量，它可以促进儿童好好学习的愿望。请你注意，无论如何不要使这种内在的力量消失。缺少这种力量，教育上的任何巧妙措施都是无济于事的。"

　　苏霍姆林斯基在书中给我们提供了100条建议，我不能一一列举，这些建议都是我们在平时所接触的一个个话题。这些建议的背后所展示的或是一个个鲜活的教育案例，或是一个个感人至深的教育故事，这些建议也是我们教师在实际教育教学工作中需要进一步去实践和思考的。通过阅读这本书，我深深体会和领悟到苏霍姆林斯基的伟大教育思想，从中得到许多启迪和教育。在以后的教育教学工作中，我会继续学习这100条建议，并用它来指导自己的工作。

关于阅读的一点思考

——读《给教师的建议》有感

普宁市流沙第二小学　王文敏

"如果没有书就读给他们听吧。"这句话是若干年前参加青年教师论坛时，一位专家面对台下一位青年教师的提问"学生没有书怎么办"所做的回答。听到这句回答有如醍醐灌顶，所以，这句话至今对我还很有震慑力。我常常在想：是一种什么样的情怀使这位专家能够在面对提问的时候不假思索地道出语文教学的真谛？他的心里一定装着学生，一定装着学生的阅读。到今天，我也逐渐成为一名语文老教师。如果说我的教学生涯有什么感悟的话，那就是我越来越感到教会学生阅读的重要性。用苏联教育家苏霍姆林斯基的话来说，就是"必须教会少年阅读"。这真是至关重要的。它关乎的是一个个少年的幸福一生，而不仅仅是短期内的收益。

苏霍姆林斯基在第60条建议中强调："那种只知记忆、背诵的学生，可能记住了许多东西，可是当需要他在记忆里查寻出一条基本原理的时候，他脑子里的一切东西都混杂成一团，以致他在一项很基本的智力作业面前显得束手无策。学生如果不会挑选最必要的东西去记忆，他也就不会思考。"这种现象在平时的教学中遇到很多。例如，在做练习题时，很多学生只会机械地填写死记硬背得来的答案，而只要把表达的方式改变一下，他们就束手无策了。究其原因，就是他们不会阅读。"缺乏阅读能力，将会阻碍和抑制脑的极其细微的连接性纤维的可塑性，使它们不能顺利地保证神经元之间的联系。谁不善于阅读，他就不善于思维。"为此，智力的培养其实就是阅读能力的培养。怎样培养阅读能力呢？我有以下三点思考。

首先，我们应该借力课堂阅读教学，因为它是学生学习最直接的载体。一堂生动有趣的阅读课，应该是教师与学生，学生与文本、与作者发生思想碰撞并擦出智慧火花的时刻。在阅读教学中，教师带领学生徜徉在文字的王国中，领略文字呈现的情感美、语言美，并由此生发出自己的感悟、思考，形成独特的思维逻辑关系，这些都是其他阅读方式无法替代的。由此，我们在备课时一定要关注"我的语文课可以给学生带去怎样的思考"这个点，只有关注了，学生的阅读才能真正地发生，也才能产生"一千个读者就有一千个哈姆雷特"的生动局面，要不然就只是"千人一面"了。

其次，我们应该尽力增加学生的阅读量，因为"得语文者得天下"。所谓语文者，就是善于阅读者。"为什么有些学生在童年时期聪明伶俐、理解力强、勤学好问，而到了少年时期，却变得智力下降，对知识的态度冷淡，头脑不灵活了呢？就是因为他们不会阅读！"这学期，学校推行课前三分钟讲故事以及课后阅读拓展等读书活动，目的就是增加学生的阅读量，拓宽学生的阅读面，从而提高学生的阅读兴趣，增强学生的阅读能力。通过一学期的实践，取得了什么成效呢？说真的，现在说成效还为时过早，但只要教师们不要被分数束缚住手脚（当然，这跟学校的决策息息相关），我想，时间会是最好的证明。苏霍姆林斯基提到的"有些少年学生在家庭作业上下的功夫并不大，但他们的学业成绩却不差"，在我们的学生中也有类似现象。当我们深入了解之后会发现这些学生的阅读量都比其他学生大，他们已和书籍成了好朋友，而且能表达自己的一些主观看法。可见，他们都有较好的阅读能力，"而好的阅读能力又反过来促进智力才能的发展"。

最后，我们还应该利用校园文化这块沃土，因为它是学生学习、生活待的时间最长的场所。如果在校园的每个角落都设有图书角，让学生每天一走进校园就如同走进书的海洋，再顽劣的学生待久了也书香萦身，因为他们是在书的世界中成长的。

掩卷深思，虽然"理想很丰满，现实很骨感"，但只要是对学生的发展有好处的，我们就要去做。要让学生有一个良好的阅读环境，如果确实没办法，我们就想方设法"读书给学生听吧"。我相信，播下的种子，总会在春风春雨的召唤下破土而出的。

做个有温度的教师

——读《给教师的建议》有感

普宁市流沙第二小学　王文敏

　　拜读苏联教育家苏霍姆林斯基的教育心得巨作《给教师的建议》，让我这个普通的一线教师洗涤了心灵的污垢。在此之前，我只知道所谓教师，是韩愈笔下的"师者，所以传道受业解惑也"；是师范学校高悬楼顶的"学高为师，身正为范"。看完书后，我对"教师"二字有了更深的理解，它让我明白了做一个有温度的教师对学生成长的意义。

　　书中，每一则建议都是真诚的，只有真正做到心中有学生的教师，才能够提出如此坦诚的建议。在此，我无法一一表述。仅就书中的"第17则——教给学生观察"这一内容，谈一些我个人的想法。

　　苏霍姆林斯基说："教师劳动的文明，在很大程度上取决于观察在学生的智力发展中占有何种地位。从观察中不仅可以汲取知识，而且知识在观察中可以活跃起来，知识借助观察而'进入周转'，像工具在劳动中得到运用一样。如果说复习是学习之母，那么观察就是思考和识记知识之母。"对于"观察"这一关键词，我想追溯到我还是一个小学生的时光里。

　　记得那年夏天，我们在课本中读到了"昙花一现"一词，大家都一脸茫然地望着我们的语文老师，我还清楚地记得他当时带着一脸神秘的表情说："想知道，那今晚8点后到学校找我。"当时我们可兴奋了，吃过晚饭约上几个相邻的同学就上学校找老师去。等我们到老师的房间，只见老师的房间中多了一盆植物，周围已摆了几张小板凳。他让我们围坐在周围，而且要我们盯着这盆植物上几个大大的花骨朵，并要求我们每隔半个小时告诉他发现了什么。

一开始，我们都盯得死死的，眼睛都不敢眨一下，半个小时过去了，没发现什么，心急的同学都有点不耐烦了，但老师还是淡淡一笑："别急，再观察半小时。"就这样，我们十几名同学像观看精彩的电影一样坐在那盆植物的面前又是半个小时。说也奇怪，那些花骨朵就像变魔术一样慢慢地张开了，这可能是当时穷乡僻壤里最让我们感到神奇的一幕。大约又半个小时过去了，那些一个多钟头前的花骨朵转眼间绽放成状如大碗的洁白的花朵。这时，老师才娓娓道来："孩子们，这种植物就叫昙花，白天我们读到的'昙花一现'指的就是这种植物开花的时间短，今晚我们看到它们灿烂地开放，可明天你们来上学时，这些花儿就枯萎了。后来，人们就借'昙花一现'来比喻美好的事物或景象出现了一下，很快就消失。明白了吗？""明白了。"大家异口同声地回答。30年过去了，"昙花一现"一词刻在我的脑海里，那一幕温馨的师生赏昙花的画面我依然清晰地记得。当然，我记得的还有那位有温度的语文老师。

时至今日，我们的课堂教学手段精彩纷呈，多媒体的应用让我们足不出户就能看到任何想看到的景观，但那是学生亲手抚摸、亲眼观察的结果吗？他们只能看到冷冰冰的世界的样子，这样的学生即使成绩优异，但我想他们的心灵一定是贫瘠的。我常常在想，今天的我们究竟缺失了什么呢？从苏霍姆林斯基的建议中，我读到了"温度"一词，才猛然发觉，自己早已忽略了还学生一双童眼看世界的习惯，自己竟然离"温度"越来越远了。

带着学生走进春意盎然的田野，走入散发淡淡花香的夏夜，拣拾一片秋天的落叶，领略万物伏蛰的寒冬……让学生在观察中生成智慧之花。这样，我们的学生就"绝不会是学业成绩落后或者文理不通"的人。成为学生身边那位有温度的老师，我知道，这样的"回归"很有必要。

《赏识你的学生》读书笔记

惠来县实验小学　翁泽星

最近读了《赏识你的学生》一书，读后感受颇多。全书用许多生动的案例诠释了"期盼效应"试验、需要层次理论、多元智能理论等教育理论知识，阐释了实施赏识教育的重要性、可行性，通过一个个令人扼腕叹息的教育故事，喊出了教师要善待每一个生命的教育理念。

一、让人人都享受一份关爱

德育需要一种宽松、宽容和温馨的环境，对学生偶然的错误和闪失，不要求全责备，因为教师偶尔也会有背离道德的言行。学生在构成良好品行的过程中，尤其需要教师的关爱。爱是一种重视、一种呵护。我们要站在珍视每个生命价值的高度去关爱每个生命个体的成长，像呵护荷叶上的露珠一样，去保护学生的自主发展权。我们要重视每个个体的存在，因为每个人都是同样重要的。所有人都应得到发展，不管是优秀的，还是发展有困难的，甚至是家庭特殊的，要不带任何功利关爱。

美国心理学家威廉·詹姆斯说："人性最深层的需要就是渴望得到别人的欣赏和赞美。"因此，教师以赏识的言行对待学生，就会激励起学生无穷的勇气，唤醒他深埋的潜能，鼓舞他向着成功之路大踏步前进。而要让教师拥有赏识这一"法宝"，根本就是要激发起教师的爱，让教师出于爱来工作，而不仅仅把教育当成一个职业或是一种谋生的手段。疼爱自己的孩子是本能，热爱别人的孩子是神圣！没有爱就没有教育。教育中倾注了爱，教师就会用欣赏的眼光看待孩子，欣赏孩子每一个幼稚的想法和行为；教育中倾注了爱，教师就会以宽容之心对待孩子，理解孩子身上存在的不足；教育中倾注了爱，教师就会理解运用赏识这一有效的教育手段，在教育的花园中耕耘。

二、让人人都享有一次机会

以人为本，一切为了每一个学生的发展是新的课程理念。学生的潜力是巨大的，而发展潜能的金钥匙就是自信心。学生在养成良好品行的过程中，尤其是后进生需要教师的鼓励和表扬。鼓励和表扬的力量远远大于批评和处分的力量。学生受到教师的表扬和赞扬，会自觉地放大自己的优点，对自己表现出强烈的自信，极力使自己变得优秀，一些不良品行也会在不知不觉中消除。针对学生的特点进行赏识。"赏识"这个词在《现代汉语词典》中的解释是："认识到别人的才能或作品的价值而予以重视或赞扬。"这就告诉我们每一个教育者务必首先认识到学生身上所具有的某个闪光点，然后予以重视和赞扬，要有针对性。也就是说，并非拉到篮里就是菜，胡乱指着学生的某一言或某一行大加赞扬、夸奖之能事，而是针对学生的特点进行赏识。赏识是一门艺术、一门学问，是教师的一门必修课。教师要通过不断的钻研、深入的学习，掌握赏识这一有效手段，并在适当的时机、适宜的场合发挥其最大的作用。

三、赏识不是万能的，但能够接近万能

《赏识你的学生》中众多成功者的经历告诉我们：外因并不是决定因素，内因才决定了事物的最终走向。成长是学生自己的事，只有调动和依靠学生自身因素才能真正做到。美国作家巴德·舒尔伯格七八岁时写了第一首诗，母亲对他的评价是精彩极了，父亲的评价恰恰相反：糟糕透了。从母亲的赏识声中，他得到了爱的力量，那成了他今后灵感和创作的源泉；从父亲的批评声中，他得到了警告的力量，于是不时提醒自己留意、注意、总结、提高。在这两种力量的鼓励下，他最后成为著名的作家。通过这个事例，我们能够认识到，赏识是很多促进学生成长的催化剂中极为有效的一种，它能够激励、唤醒、鼓舞学生内在的因素，从而使很多的不可能成为可能。

很多时候，我们怨天尤人，埋怨学生不够聪明，埋怨好心得不到好报，静下心来，想想平日里那些毫不起眼的孩子，那些尽惹我生气的宝贝，原来也都有可爱的一面。猛然醒悟：其实，每一个孩子都有自己的闪光点，只是有时匆忙的步履、泥泞的情绪遮掩了我们的双眼，烦琐的工作、忙乱的头绪钝化了我们的敏锐，成绩的镣铐、升学的压力扰乱了我们的心智，所以我们看到的更多的是学生的缺点，而忽略了那一双双天真的眼睛，那一颗颗纯洁的心灵。他们需要老师的关心和认可，需要老师的呵护和鼓励，即使因为无心犯了错误，也需要老师温和地指出，他们需要的是引导而不是指责，是真诚而不是伪善。他们是成长中的孩子，需要尽情地沐浴阳光，吸吮雨露，需要风雪的洗礼、鲜花的簇拥。他们是最为敏感的一个群体，能准确地识别老师对他们的帮助是出于关爱还是仅仅是功利的表现。所以，教育就应是牵手，是温情，是质朴，是师生间的彼此信任、相互尊重、相互理解。要学会赏识你的学生，先要学会从心底去爱他们。

赏识学生，把他们当作自己的孩子来看待，挖掘他们的闪光点，理解学生、相信学生，不断地鼓励、表扬他们，我想我们也必然会得到皮格马利翁效应的。威廉·詹姆斯说过这样的话：人性中最深切的本质就是被人赏识的渴望。无论年龄大小、地位高低，人们都期望得到别人的赞赏，都不会拒绝别人的赞扬，来自别人的赞扬或奖励，会令被表扬者产生愉悦的情绪体验。受到老师的表扬、鼓励，学生也必然会朝着我们引导的方向前进。

读王崧舟《语文的生命意蕴》有感

大南山华侨管理区南侨慈云小学　　杨嘉纯

身为一名语文教师，写作在很长一段时间里都是一件让我很厌烦的事情，大体是因为在大学期间，每周总要上交一篇"千字文"，一学期下来，写作简直就是噩梦。但如今想想，自己平时不定时写日记，一学期下来日记的字数远远超过"千字文"，却常常乐此不疲，这又是何故？

在一个闲暇的午后，我阅读了王崧舟的《语文的生命意蕴》，其中有一篇文章让我大受触动——《童年性情与审美表达》。在这篇文章中，王崧舟老师提出了两个问题："写不出真的是因为孩子们没有生活吗？""一定要写有意义的生活吗？"他列举了好几篇学生的作文，如一年级学生的《吃山竹》、三年级学生的《怕回家》、五年级学生的《挤牙膏》等，虽不像一贯以来"妈妈照顾生病的我""下雨天送伞"等经典素材那么轰轰烈烈，但读来甚是亲切，字里行间满是生活感，王崧舟老师认为这样的文章都应该打高分。

我们常教导学生：写作来源于生活。可对学生来说，生活就是起床、吃饭、上学、写作业、睡觉这么简单。生病时，妈妈并没有半夜背着"我"到处找医生，而是早早让"我"吃药休息了。下雨时，自己也能撑开提前带来的伞回家，而不是翘首以盼雨中那个熟悉的身影。于是，当学生想从生活中撷取写作素材时，总感觉自己过得太平淡了，并没有什么感人肺腑的事，于是他们开始发挥想象力进行编造，不惜用二字、三字、四字词语，甚至名言名句、俗语、歇后语，把文章堆砌得看起来富丽堂皇，以显示出自己深厚的写作能力，久而久之，写作便进入一个误区。

王崧舟老师指出，学生写作时容易误解的两种生活：非常态生活和常态生活。其中，最常见的就是把非常态生活当作写作的素材来写，甚至无中生有、凭空捏造，却常常忽略最饱含真情实感的常态生活。其实现在的学生并不是没有生活，相反，随着科技的发展，生活越来越多姿多彩，学生的见识也十分宽广，我们常常感慨"现在的孩子真聪明，懂得多"。那到底是什么原因导致他们在写作上感到无力呢？我想应该是缺乏把常态生活写进作文的思维，在写作教学中，我们应该有意识地引导学生把注意力投向常态生活，聚焦到生活中的某件事，确定一个观察的角度，让学生去观察、思考、记录。"生活"一直都有，且新鲜事物也不断出现，教师要把握好每一个能写作的时机，鼓励学生去记录。例如，中秋节到了，我们可以借机跟学生普及一下中秋节的传统故事，并让学生在欢度节日的同时，把这一天的所见、所闻、所感记录下来。其中最重要的是减少对写作的约束，不要刻意去强调文章中好词好句的重要性，更不必纠结学生能在这篇文章中凸显多少传统文化的东西，只要他能把这一天自己的真实情况表述清楚、有条理就可以了。打破写作内容"非常态化"的局限，让学生把自己的生活变成文字记录下来，学生"松了绑"，文字才更有生命力。

最后，借用王崧舟老师的一段话表达我对写作的看法："作文是将易逝的生命兑换成耐久的文字，是一种学习方式，也是一种生存状态，更是一种生命的成长。作文真的不只是'写'的事，更是'思考'的事、'体验'的事、'探索'的事、'发现'的事、'成长'的事。为了生命，我们没有理由不作文。"

《于永正：我怎样教语文》读后小记

揭西县棉湖镇湖东小学　杨旭珊

最近几天，我总爱独坐窗边翻读从学校教研室借来的《于永正：我怎样教语文》一书。这本书是于永正老师从教50多年来对教育观、语文观、学生观，乃至性格、为人和其他方方面面较为全面的总结。书中观点鲜明、说理透彻，带我们从各个角度认识语文教学的真谛，了解语文教学的规律，进入简单高效的语文教学之门。读完此书，我颇有启发和感触。

这确实是一本触动人心的教育著作。书中的第一辑"语文教育，应该为学生留下什么"，于永正老师用朴实的语言，深入浅出地给小学语文教师指明了教学的方向。他结合自身经历告诉我们，语文教育要把语文的根留住，要给学生留下语言文字，留下认识和情感，留下初步的表达能力、书写能力、阅读能力，留下习惯和兴趣。他还告诉我们：语文教学教的不仅仅是课文，更是语文。于永正老师一语惊醒梦中人，让我深刻意识到：要成为一名合格的小学语文教师，首先必须让自己成为一个文化人，以文化己。读书就是最好的备课。唯有自己多读书，特别要多读教育大师们的著作来充实自己，让自己在他们博大精深的教育思想中更透彻地领悟教育的真谛，才能让自己的课堂教学更有灵性，给学生留下更多的语文素养。

让我印象最深刻的是这本书的第四辑"关于作文教学"。于永正老师认为生活中处处留心皆学问，处处留心也皆文章，写作就是如此。生活中他处处留意：拜访领导所见的盆花，妻子买的电动玩具狗，学校垃圾箱的面包，农村小男孩的"压尾辫"……都成了课堂作文教学的道具、学生写作真实的材料。于永正老师说，他只是喜欢作文教学，喜欢在这方面动脑筋而已。教师喜欢作文本身就是一种教育资源，它对学生的影响是潜在的。这种取材生活的作文教学，不正是我校"农村小学生活化作文教学研究与实践探索"课题的追求目标吗？作文生活化，就是让作文走进生活，学生在学习、生活中作文。在作文课上，于永正老师更善于用"尝试法"指导学生作文写作。作文要求简单指点，先让学生自己去写，草稿写好了，再根据作文的要求，根据存在的问题，一一详细指导。我心中不由得暗暗窃喜，因为我平常在作文教学中也运用了"尝试法"，总会意外发现这种指导作文法对学生的自查自改有很大的帮助。

　　于永正老师在书中介绍的教学方法可以学习的还有很多。我认为，最重要的一条就是要千方百计、想方设法让学生热爱阅读、热爱写作。读完这本书，感觉于永正老师就在我们身边，那样亲切、慈爱；语文就在我们的手边、脚边，在我们的语言中，在我们的笔尖下轻轻流淌着，召唤我们用爱心滋养、用耐心守候语文教学，静待花开！

语文课堂应拥有浓浓的"语文味"

——读《义务教育语文课程标准（2011年版）》有感

普宁市大坝镇大坝小学　朱素丽

学无止境，每次学习都会有新的收获和提高。寒假期间研读了《义务教育语文课程标准（2011年版）》，令我受益匪浅。

新课标，为我今后的教学工作指明了方向，同时也给予了我一些新思考：语文课堂不应该只重形式，而是应该有"语文味"。所谓"语文味"，就是以培养学生语文学科素养为主，在语文课堂中表现语文教学本身的人文性与文化性特点。但随着教学改革的持续推进，语文课堂却逐渐缺失了"语文味"。

"语文味"概念的提出者程少堂先生说："就语文教学而言，落实新课标的任务，最重要的是体现语文特点、语文规律，不能忘了语文课还是语文课。换言之：无论你运用什么新观念、新方法，语文课必须要有语文味。"

一、"乱花"渐欲迷人眼

为什么语文课堂逐渐缺失了"语文味"？

1."大语文"理念的把握偏失

根据对语文课程性质的新的认识与定位，新课程标准提出了"综合性学习"的新理念，"大语文"理念也得到进一步的重视与推崇，于是新课程标准下的语文教学更加强调与社会发展、科技进步的联系和与其他课程的沟通，这是基于语文学科本身的综合性特点和人文的全面发展需要提出的，但在实践中，有些教师的把握却有些偏失。例如，教学《飞船上的特殊乘客》一文，教学的重点应该在于使学生了解科学实验和科学研究的神奇作用，初步学习说明文的基本表达方法，让学生感受科学技术的魅力，学习敢于探索的精神。但是，有的教师上课时却花了许多时间详细地讲述文中的一些科技术语，如"宇宙射线""微重力""高真空"等学生难以准确理解的词语，这些词语并不影响学生粗知文章内容，我认为可不必深究，否则不就把语文课上成了物理课？

2. 对多媒体教学太过依赖

多媒体现已常驻语文课堂，特别是公开课，对于多媒体的运用更是不可或缺的。多媒体在变革传统的教学模式、提高教学效率中所发挥的作用是毋庸置疑的，但我认为要学会区别看待：我们可以通过多媒体展现颐和园中的美丽景观，展现长城的雄伟壮观，但无法通过多媒体展示"花自飘零水自流，一种相思，两处闲愁。此情无计可消除，才下眉头，却上心头"的凄冷寒凉的意境；无法直观呈现那"劝君更尽一杯酒，西出阳关无故人"的朋友间浓烈的离别之情……

所以，我们不能只注意课件的大量运用，却没有注意它已经占据了学生大量的读书、思考、探究的实践时间，只注意问题的结论，不重视学生朗读与学习的过程。在教学过程中总是大量运用课件，教师讲得太多，那么学生读、悟的时间就少。

二、删繁就简一树花

有人问一位著名的雕塑家："你是怎样把石头雕成人像的？"雕塑家答道："把石头上不是人像的地方去掉。"莎士比亚说："简洁是智慧的灵魂。"崔峦老师也提出："简简单单教语文，本本分分为学生，扎扎实实求发展。"同样的道理，语文课也应尽可能把不是语文的或不具有"语文味"的东西清除出语文课堂，删繁就简，让语文课流淌简约美。

如何让语文课堂拥有浓浓的"语文味"？

1. 抑扬顿挫，读出"语文味"

"语文本身就是要让语言亮起来！"在北京学习时，总能听到老师们说这句话。就如中央电视台推出的大型文化情感类节目——《朗读者》。以个人成长、情感体验、背景故事与传世佳作相结合的方式，选用精美的文字，用最平实的情感读出文字背后的价值。这些抑扬顿挫的朗读最动人！

古人云："书读百遍，其义自见。""熟能生巧""熟读唐诗三百首，不会作诗也会吟"……新课标也指出朗读和默读是学习语文行之有效的方法之一。因此，语文课堂中要留有足够的时间让学生去朗读、去领会、去感悟。通过朗读，学生可以感受文章的优美，可以感受作者内心深处的情感。语文课上最动听的应该是学生和老师琅琅的读书声。作为教师要做好学生朗读的引导者、示范者。我在课堂中喜欢朗读，在讲授《搭石》一课时，我运用范读、引读、伴读、对比读、指名读、齐读等多种形式来点拨、引导学生，反复朗读课文第2～5自然段，围绕文中"哪些地方让我们感受到美"展开交流和讨论。让学生自读时想象画面、自悟时体会情味、交流时畅所欲言，读出看得见的具体的"美"和看不见的心灵的"美"，真正读出了"语文味"。

2. 咬文嚼字，品出"语文味"

新课标指出品味词句的重要性。体味和推敲重要词句的含义与作用是理解课文内容、感受作者情感的重要方法。在教学过程中，教师要紧扣文本，从语言文字入手，抓住文章中耐人寻味、寓意深远的语句或词语，反复引导学生进行描摹、品味，体会作者遣词造句的别出心裁，推敲一言一语的匠心独运。记得在北京市海淀区民族小学跟岗学习时，听了三年级李老师的《惊弓之鸟》一课，李老师对课文熟悉，提问设计很好，也利用学习单进行小组合作学习，充分发挥了小组的集体智慧。但是，专家在点评时仍不满意，认为《惊弓之鸟》中"嘣""直"两个字应该细细品味，让学生体会更嬴的神功。"语文味"正是从咬文嚼字、品味词句中散发出来的。

3. 学会模仿，写出"语文味"

2019年4月28日，我在深圳大学演会中心参加了由广东省东南教育科学研究院和儿童阅读课程研究中心联合举办的2019年春季儿童阅读课程推进大会。

其中，儿童阅读课程研究中心副主任、特级教师薛法根在他执教的《火烧云》一课中，一再强调要让学生学会从别人的文字里去"偷"，而且要"偷"得巧妙！从别人的文章里汲取精华，联系自己的生活看身边有无这样的事情，写作也就有了滋养。归根结底，语文课程的学习最重要的落脚点还是在写上，所以在"积累—运用—创作"这样的学习语文的三部曲中，学会模仿尤为重要。

江苏省特级教师顾文艳老师在上《彩色的梦》一课时，以学生自己创作的展示画作为新课导入，同时以此为支点，开展一系列的识字学词训练，并认真地指导书写，落实指导朗读，让学生在理解诗歌的基础上想象画面，最后还指导学生进行精彩的仿写。春雨润物般的课堂充满了浓浓的"语文味"。

其实，语文课程致力于培养学生的语言文字运用能力，提升学生的综合素养，为学好其他课程打下基础；为学生形成正确的世界观、人生观、价值观，形成良好个性和健全人格打下基础；为学生的全面发展和终身发展打下基础。语文课程在继承和弘扬中华民族优秀文化传统与革命传统，增强民族文化认同感，增强民族凝聚力和创造力方面具有不可替代的优势。因而语文教学更能直接影响学生的情感、态度和价值观，这是语文教学的特有优势，也是语文课程应承担的任务。

"语文味"这把最有说服力的尺子，则可以帮助我们在形形色色的语文教育实践和理论面前擦亮双眼。看清本质、找准方向，是我们在一轮轮语文教改中博采众长、勇立潮头的最有力的法宝。

"随风潜入夜，润物细无声"，教育不是一朝一夕的事情，但我相信：随着新课程改革的不断深入，教学理念、教学手段的不断更新，语文课堂会拥有浓浓的"语文味"。

此生至爱是读书

普宁市流沙第二小学　吴佩新

　　利用宅家抗疫较集中的时间，与工作室的老师们一起，连续七个晚上，跟着《中国教育报》"好老师"网络平台组织的"给教师的治愈系读书课"，听7位名师线上聊书，聊他们读书、写书、教书的事，分享他们沐浴着书香，徜徉于书海，行走于阅读与写作的诗意人生之旅，感悟他们相同的成功秘诀：读书、写书是"专业成功的双翼"，尤其是读书。陡然间，想起自己这半辈子也与书结下了不解之缘，书香相伴的日子，回味无穷。

　　什么时候喜欢上了书呢？应该追溯到小学三年级吧。那时的语文老师——蔡信敬老先生，一位当时洪阳老县城人称"老秀才"的民办教师，成了我们最喜欢的语文老师。语文课上，他给我们讲李白"铁杵磨成针"的故事，讲解缙"门对千竿竹"的联话，这些历经40多年的故事，我依然记得一清二楚，而语文课本上的内容却早已忘得一干二净。蔡老师给我们讲课的那间小韩山旁的教室、那个小小的讲台，依然清晰地留存在我的记忆深处。我们最爱上蔡老师的"讲古"课了，记得那时最吸引人的章节是蔡老师给我们一回接一回地讲《水浒传》！尽管只是小学三年级，但他讲的我们都听得懂，都听得入了迷。语文课常常是上了半节课本内容，就被我们"老师，讲古了"的呼声给逼停。他也不推辞，语文课本一甩，一只脚干脆卷起裤腿，架到讲台格子上，一只手拿起他自己题字的纸扇子一挥，便开讲了，俨然一位说书先生的架势。蔡老师记忆力极佳，完全脱稿，把《水浒传》讲得可生动了！激动处他手舞足蹈、眉飞色舞，甚至是唾沫横飞。豹子头林冲、花和尚鲁智深、打虎英雄武松等人物就这样入驻我们的童年世界。由蔡老师的"说书"进而想看那些那么有趣的书，自然而然地便对书有了兴趣。可是那时候书籍极度匮乏，除了教科书，学校里几乎没有一本课外书。好在当时一个同学的父亲当老师，家里有一大箱小人书，记得《三国演义》就有连续的几十本，它们像磁铁一样吸引着我，我常常没事就往她家跑。家里哥哥姐姐也爱看书，特别是哥哥，把极少的零花钱都拿来租书看（记得当时一本书每天的租金是5分钱，畅销的武侠小说则是每天1角5分）。我偶尔趁他放下书时拿过来看看，他马上抢回去，还说："你看得懂吗？我指一个字，你要是认识就给你看！"哥哥欺负我认识的字还不多，专门挑难读的字，我自然是认不得。如今想来，爱书、爱阅读便是始于蔡老师语文课那生动的"讲古"，遇上蔡老师真乃今生之幸运哪！由此也悟出，阅读兴趣真的不是与生俱来的，需要教师的引导、环境的濡染。

升上初中，那时候的学习一点都不紧张，作业不多，不用大量刷题，只是简单地读读背背，抄黑板上几道练习题回家做一做，根本没有什么教辅资料，连作文选都不曾见过，所以作业完成后还有大量的自由时间，我便争分夺秒地看课外书了。只可惜当时书少，又不懂得选择，就跟随潮流一头扎进武侠小说里去。从梁羽生到金庸，几乎把他们的小说看了个遍。清楚地记得看第一本武侠小说《萍踪侠影录》的痴迷情形，兄妹几人差点把书抢破了，我抢不过他们，自然是最后才轮到我看。书一到手，深深沉迷其中，张丹枫与云蕾的爱恨情仇直看得我惊心动魄，荡气回肠，一拿起书就舍不得放下，没少挨曾外祖母的骂——整天就抱着书！看你们食书饱好了！《萍踪侠影录》之后，看武侠小说便一发不可收拾。梁羽生的《七剑下天山》《云海玉弓缘》《白发魔女传》……金庸的《书剑恩仇录》《射雕英雄传》《天龙八部》……一部接一部，欲罢不能。当时一位邻居的舅舅也是爱书之人，家里藏了不少书，大多是些通俗小说，如《封神演义》《三侠五义》《小五义》《续小五义》《大唐游侠传》等，也通通借来看了。虽然沉迷小说，学习却没有落下。深陷书中精彩世界的同时，也在心中编织美丽的梦：用功读书，考上好的学校，将来去见识见识外面的世界！也许这就是书籍给予的能量，一边沉迷小说，一边用功读书的动力吧。大量阅读的另一个好处，就是养成了良好的语感，因而语文读得特别轻松，只是该背的背，根本不用费心，语文成绩竟在班中名列前茅。后来当了老师，学生家长问起怎么读语文，我总是脱口而出："没什么秘诀，多看书就好了。"回首中学时代，竟是看书最多、最自由的时期，是不带任何功利之心的快乐阅读。石玉昆、梁羽生、金庸笔下跌宕起伏、引人入胜的侠客故事以及他们恩怨分明、行侠仗义的形象便都融入生命，成为美好的记忆。

读师范时，看小说仍不间断。开始时，赶上"琼瑶热"，我们班的女生百分之百"中毒"。记不清是哪位同学带来琼瑶的《窗外》，开始传阅。之后《聚散两依依》《一帘幽梦》《烟雨濛濛》……尽管每一部的故事情节基本都是一个模式，但琼瑶式的纯真、浪漫、凄婉的爱情故事，加上典雅、清丽、唯美的语言，刚好契合那时候情窦初开的少女们。大家常常熄灯后还躲在被窝里打手电看书，简直着了魔。幸好流行的东西就是一阵风，迷了一阵子，随着《文选》课文内容的延伸阅读以及老师的推荐，我们这些未来的老师瞄上名著了。从学校图书馆借来卢梭的《忏悔录》，托尔斯泰的《安娜·卡列尼娜》等外国作品，一开始读得有点吃力，但是在看了情节曲折离奇的《基督山恩仇记》《红与黑》等作品后，也渐渐被外国名著的魅力吸引。阅读的范围渐宽，视野也更开阔了。

中师毕业后当上老师，很自然地选择了教语文，阅读仍然是最主要的课余生活。不过当了老师，倒没有学生时期自由，备课、批改作业占去了太多的时间，因而也看不了长篇小说。刚好那时候学校图书馆里有《人民文学》《花城》《当代》《收获》等文学杂志，王蒙的《春之声》、张洁的《沉重的翅膀》、莫言的《红高粱》、路遥的《人生》、苏童的《妻妾成群》等作品都是在这些杂志始发的，而且是连载的形式，这些文学杂志理所当然在学校里成了青年教师们最喜欢的课余读物。这让边远农村的教书日子变得充实而快乐，而且大量文学作品的阅读，也为课堂注入源头活水，让我的语文课堂有了生气，有了趣味，更受学生的欢迎。

后来工作调动，到了县城的小学。工作量增加，加上一边读本科函授，几乎没有时间读小说了，只有寒暑假才能解解馋。随着专业意识的提高，也渐渐发现，教育教学理论真的学得太少了，仅仅是一些皮毛而已，我便开始有意识地接触教育教学方面的专业书刊。但是市区学校升学率是学校的生命线，连续担任毕业班教学，每天从早到晚，所有的课余时间都给了学生，所看的书除了教科书就是教学参考书，专业书刊也仅仅是为上公开课而阅读。那时专业书籍在我们这种小县城是没有销量的，书店是不卖这种书的。记得有一次居然在书店看到一本《全国特级教师小学语文课堂教学艺术集萃》，可惜买回家后也没有时间细细研读。现在回过头来，觉得应试教育真的是贻害无穷，简直把师生都变成了机器！学生没日没夜地刷题，不要说喜欢阅读，可以说对书有了仇恨！看那些高考结束就撕书、上演"天女散花"的学生就可想而知。而教师也局限于加班加点出题、改卷、讲评试卷，千方百计让学生考高分，几乎没有教师敢让学生看课本之外的"闲书"。不过，尽管时间不允许，我还是丢不了阅读，看不了大部头，就看学校订阅的《小学语文教学》《小学语文教师》《小学教学设计》等专业刊物，这些国家级专刊，让我接触到最前沿的课改信息，从中认识了李吉林、于永正、王崧舟、窦桂梅等语文大家，深深为他们那精湛的教学艺术所折服，模仿、研究他们的课例，不知不觉中也提升了专业素养。

从《义务教育语文课程标准（2011年版）》到"语文核心素养"的提出，从国外普遍重视"阅读社会"的营造到我们国家也把"全民阅读"写进政府工作报告，近些年社会上阅读氛围越来越浓，应试教育观念也有所弱化，师生们终于都有了自由阅读的时间！现在我不仅自己读书，还想方设法让学校、工作室的教师们都读书，通过"共读一本书"活动，《给教师的建议》《叶圣陶语文教育论集》《朗读手册》等专业书籍渐渐进入教师们的课余生活，期望通过爱读书的教师们带动、培养出爱阅读的学生。钱理群教授说过："什么是教育？就是爱读书的校长和爱读书的老师，带领着学生一起读书。"尤其是语文教师，要做学生阅读的点灯人，要让学生养成阅读习惯，让阅读点亮他们的心灯，照亮他们人生前进的道路。

走遍天下书为侣！未能走遍天下，书籍却真的是今生不离左右的好伴侣。从小学看连环画到后来迷上小说，读专业书刊，看过的书不可谓不多，但是，回头细数，发现少年、青年时期太多的时间用于随心所欲地阅读，专业化阅读不足，导致理论贫乏，视野狭窄，因而教学研究有时感觉犹如盲人走路，毫无方向感。于是有一个感触：读书兴趣需要教师用心培养，而读什么书、怎么读更需要教师的指引。朱永新说，"一个人的阅读史，就是一个人的精神成长史"，足见读什么书对一个人一生的成长何等重要。

如今，已过了"好读书"的年纪，却遇上书籍极度丰富的时代，古今中外，应有尽有，不单纸质书，电子阅读更便捷，大家一机在手，随时随地都能阅读。但是，快节奏的时代衍生的阅读方式虽然方便，却也造成了浅阅读、快餐式阅读、碎片化阅读。于我而言，一有时间，我还是喜欢捧起纸质书美美地读起来。

温儒敏教授说："阅读可以拓宽视野，可以接触人类的智慧，可以不断提高自己的素质，可以让人在精神气质上超越庸常的环境。"是啊！淡淡书香使君醉，人间至乐是读书。书，亦师亦友亦知己。无论是孩童时引人入胜的"讲古"，还是少年时代惊心动魄的刀光剑影，抑或是为我打开另一扇窗户的外国名著、当代文学、教育专著，它们都温情地陪伴我走过人生的万水千山。这一路的混沌觉醒，这一行的迷茫彷徨，这一程的跋山涉水，它们就像明灯，点燃、唤醒、照亮了我。有了书的陪伴，心灵王国耸立起一座座高楼大厦；有了书的引领，多了几分笑看人生的豁达与乐观；有了书的点拨，深知自己的愚钝浅薄而从不敢放弃追逐的脚步。是的，有书相伴的人生是丰盈、惬意、洒脱的，不求千钟粟，不羡黄金屋，此生至爱是读书，吾心安处是"书乡"。

实践出真知

——罗才军老师《文言文三则》赏析

普宁市流沙第二小学　吴佩新

吴忠豪教授说："小学阶段学生的语文实践比方法规则学习更重要。"王宁教授也说："语文知识当然要的，但这种知识的获得必须通过学生的实践来体会和获取，不然，仅仅是一些语言学教条，不能转化为必备的能力。"两位教授都强调了在实践中获取语文知识的重要性。在东南教科院组织的培训活动中，我学习了罗才军老师执教的《文言文三则》，深感这节课就是对上面两位教授的话的最好诠释，教师引领学生进行实实在在的语文实践活动，学生愉快地获取知识，提升能力，真正演绎了语文课堂上的"实践出真知"。

《文言文三则》均选自《世说新语》，每一则都短小精悍、耐人寻味。但晦涩难懂的文言文一直是学生望而生畏的，对于接触文言文不多的小学生来说，顶多是读读背背，粗知大意，也谈不上喜欢。可是在罗才军老师的课堂上，学生却兴趣盎然，不仅读通课文，读懂课文，还能仿照课文说一说文言文！罗老师究竟有什么魔力让学生如此陶醉课堂且学有所获呢？

一、以学定教，收放自如

文言文教学，让学生把课文读通、读顺是第一要务。对于优秀生，通过预习基本能读通顺，但是学困生可能就有难度。罗老师这节课是借班上课，对该班学情一无所知，于是，他便从检查学生的朗读开始了解学情。他先让学生按自己的节奏和感觉读两遍第一则文言文《杨氏之子》，全班都读得很流利。罗老师又让学生指出班中朗读最困难的同学来读，该学生同样读得通顺流畅。显然，该班学生整体素质很好，预习功夫也做得很充足，此时，罗老师没有在朗读环节再多费一点时间，直接进入下一环节的学习。

二、引导实践，言意兼得

文言文教学，传统教法就是逐字逐句解释，重点字词、古今意义差别大的强调一下，但是这样的课堂，学生往往是被动接受，缺乏实践活动，学过之后也如刀过水无痕，收获甚少。语文课程是一门学习语言文字运用的综合性、实践性课程。罗老师深谙语文学科的性质，他始终把学生立于课堂中央，几乎每个环节都让学生动脑、动口，扎实训练，言意兼得。

1. 巧解课题，指向语用

罗老师先从课题"杨氏之子"是"谁家的小孩"引导学生了解题意，接着延伸到古人自我介绍时的谦逊说法"免贵，姓×"，再到仿照"杨氏之子"的表达形式称呼爸爸、爷爷、妈妈，由理解意思到练习表达，层层深入。毕竟是初学文言文，开始有几个学生都说不好，罗老师没有直接告诉学生该怎么说，相对于检查朗读环节的惜时如金，罗老师此时却舍得花时间，一人说不好，两人、三人……循循善诱，不厌其烦，直到大家都能说正确为止。同样，在学完第一句话"梁国杨氏子九岁，甚聪惠"后，罗老师让同桌仿照句式介绍对方，要求学生不仅要说正确，还不能人人都是"甚聪惠"，于是学生有了"……善歌舞""……甚幽默""……善疾走"等不同的表达。这不就是"把课堂还给学生，让学生成为学习主体"的生动体现吗？

2. 关注文体，领悟特色

文言文表达方式与现代文有很大的差别，如何引导学生领悟其表达特点，是教学中的一个难题。在《杨氏之子》的教学中，罗老师巧妙地让学生领悟了文言文"简洁明了"和"称呼丰富"的特点。首先，从一个幽默的问题"我提个很难很难的问题：'梁国杨氏子九岁，甚聪惠'这句话几个字？"引起第一个问题的探究。接着让学生读懂这10个字中包含的杨氏子的信息，最后聚焦到"10个字就把一个人介绍得清清楚楚，与白话文相比，文言文的第一个特点是什么？"这个核心问题，此时学生说出"短小精悍""言简意赅""简洁明了"等中肯词语，可谓水到渠成了。而对"称呼丰富"这个特点的体会，同样是抛出问题"杨氏子、孔君平在这篇三四十字的短文里，还被叫作什么？"让学生读一读、找一找，再通过举李白字太白、号青莲居士的例子，让学生感受古人称呼的多样性。巧妙的引导，看似行云流水的设计，其实是罗老师深厚的教学功力的体现。

3. 聚焦人物，品味特点

如果说引导学生感悟文言文特点彰显了罗老师的教学功力，那教学文章重点，理解杨氏子"甚聪惠"这一特点，更见罗老师之教学智慧。罗老师首先引导学生读懂"甚聪惠"表现在"杨氏子为孔君平设果"，在教学"不但听懂孔君平'此为君家果'的意思，还合理地反驳'未闻孔雀是夫子家禽'"之后，教师抓"未闻"两字，引导学生品杨氏子之"聪惠"：不仅智商高，还懂礼貌，是真正的"聪惠"。这是罗老师特有的高招，是他精研文本、抓准文眼的妙招。

三、民主课堂，引人入胜

罗老师的课堂，教师不是高高在上的知识传授者，也不是知识评判的决定人，而是学生学习的组织与引导人。他以一个个巧妙的问题推动着课堂的"起承转合"，让学生始终积极参与学习活动；他用一次次精彩点拨触发了学生思维的灵感，让学生妙语连珠；他用一句句幽默风趣的话语化解了课堂上突发的尴尬，让学生有了意外的收获。例如，在仿照"梁国杨氏子九岁，甚聪惠"介绍同学时，一个学生竟用"甚呆滞"来介绍一个男同学，这时教师不是简单地批评斥责，而是要被贬损的同学"以德报怨"，以赞美来回敬对方，让人不得不佩服罗老师的教学机智。其实，课堂上教师的一言一行都是其教学思想的外显，与学生平等相处，引导学生懂礼讲理，这不正体现了罗老师的为师之道吗？

此外，对三则文言文的学习，罗老师采用精讲第一则，略讲后两则，教一扶一放的教学设计，目的也是为学生创设实践机会，让学生用学到的方法自学。

综观整节课，学生在愉快的语言实践中丰富体验、获得知识、锻炼能力。可以说，罗老师的课堂是学生学语习文的演练场，学生由实践而得真知。

听名师讲座，谈个人为师心得

揭阳空港经济区登岗镇纪南小学　谢培苗

　　因为参加工作室组织的网络研修活动，不知不觉中聆听了很多名师的讲座与优秀的教学课例，心中不禁反思很多。不知不觉，迈入教学之路已快10年，一路走来，有泪水，也有欢笑；有迷茫，也有收获。途中磕磕碰碰，很多事情改变了，人也不断地成长成熟起来，但心中唯一不变的是那份好为人师的初心，心中始终谨记教师是"人类灵魂的工程师"，一个好教师，应有强烈的事业心和责任感，这样才能热爱自己的教育对象——学生。在学生身上，只有倾注了爱，去发现他们学习上的每一点进步，去寻找他们生活中品德上的每一个闪光点，应用激励机制，加以充分的肯定和激励，使他们感到温暖，增强自信，从而缩短师生心灵上的距离，他们才会产生"向师性"。这10年，我最大的感想就是"只有不懈怠地提升自我，关爱每一个学生，才能走在学生的面前，做学生的引路人"。

一、小时候：因名起心，想为人师

　　小时候，懵懂之际常常追问父母为自己取名的由来。当父母解说取这个名字是希望我能当一名教师，为中国培养幼苗时，我的心中开始埋下了一颗"想为人师"的种子。此后，努力定下一个又一个小目标，在努力实现目标的同时，心中也不断坚定这份信念。

　　那时候，觉得教师是一份神圣的职业，必须满腹经纶。所以，学习路上，总是分外用功，努力去观察、去模仿身边的每一位教师，以他们为榜样，想为人师的信念越来越坚定。

我时常自我提醒：作为一名光荣的人民教师，必须具备高深的学识和高尚的情操。

当然不仅要具备高尚的师德和无私的奉献精神，还要具有渊博的知识。必须靠实事求是的学习，树立良好的职业道德，时时以育人者的标准严格要求自己，努力塑造好自己的人格，处处为人师表，这样将来才可能成为一名教师，成为学生的引路人。

二、长大后：立志学高，为人师表

长大后，成长路上，最能概括自己心态的一个词是"好为人师"。在那个大家懵懵懂懂玩过家家的时候，我却总喜欢拉着同学朋友一聚，几张台子一搭，"我是老师，你是学生"的游戏便开始了，而我每次必争取的便是"老师"这个角色。为了能很好地"玩"下去，每次在学校听课时我总是很用心，除了努力学习外，还用心地模仿每一个我觉得教得很好的老师的语调、神态；回家后，即使独处，也想象自己就是老师，把今天所学的内容试着复述一遍；每次"玩"游戏的过程中，除了努力扮演好"老师"这个角色外，还总是拉着同学讨论讲得清不清楚、明不明白……

虽然一晃多年过去了，但当初那些场景却依旧清晰。只因当时从中获得的满满成就感，至今难忘。

那时候，父亲总对我说："想当好老师，必须要会育人。以情去育人，热爱每一个学生；以言去导行，诲人而不倦；以才去育人，为人亲切懂得关心；以身去示范，才能获得尊重与信任。"后来我才明白，原来这就是"学高为师，身正为范"的道理！

三、从业后：谨记身正为范，乐为人师

毕业以后，我如愿踏上了教书育人这条路，此时的心态是"乐为人师"。虽然热忱满满却经验不足，有时总表现得过于鲁莽，以至于多走了一些弯路，很多次，想过放弃，却在面对学生时，放不下心中那份乐为人师的念想。

一年又一年，渐渐地更加明白：做学生的引路人，立德是根本。以德治教，以德育德。教育学生、引导学生，必须坚持从育人环境抓起，从学生

行为规范抓起，从每一名学生抓起，给学生营造和谐的环境，唤起学生的自信，使学生重新认识自我，战胜自我，学会做人，努力成人，振作精神，奋发进取。

教师尊重学生、爱学生，不仅意味着最终赢得学生的信任和拥戴，提高教育的功效，还意味着教师能虚心地向学生学习，在教与学的过程中，与学生一起成长，共同进步。我注意尊重学生的人格，了解学生的个性，相信学生，关心学生，既统一严格要求，又注意学生的个体差异，区别对待。对程度、水平不同的学生，采取不同的教育方法。关爱每一个学生，特别是差生，使每一个学生都学有所得，不让一个学生掉队。

这些对学生的方法，何尝不是一次又一次道德的自我修养呢？

四、如今：年年沉淀，希望德以恒固，永远为师

现在，很快10年到期了，心中对教育的那份初心有增无减，愿"永远为师"，以自己这份事业为荣，努力前进，却越来越感到力不从心。经验虽在实践中积累，但学生、教材等年年改变，不断提升自我的同时，唯有一样必须保持不变，那就是道德的自我修养。

就如《道德经》中道："含德之厚，比于赤子。毒虫不螫，猛兽不据，攫鸟不搏。"意思是说：道德涵养浑厚的人，就好比初生的婴孩。毒虫不螫他，猛兽不伤害他，凶恶的鸟不搏击他。引之于教学之路上，一个道德修养浑厚的人，旁人尊重他，学生敬佩他，同样是传道、授业，与道德修养低的人相比，成效好得多。

总之，作为一名教育工作者，一位新时期的人民教师，以自身的成长经历为例，我们应该养成良好的师德师风，爱岗敬业，勤奋好学，严谨治学，坚持言传身教，思想育人，榜样带人，德以恒固！身为教师，我们不能把教书育人降低到只传授知识的层面。我们有责任、有义务从现在做起，从自身做起，通过学习不断地在思想上、政治上、文化上充实自己，努力提高自己的从教素质。以无私奉献的精神去感染学生，以渊博的知识去培育学生，以科学的方法去引导学生，以真诚的爱心去温暖学生，以高尚的师德去影响学生，用健全的人格塑造一切学生的美好心灵，影响一代又一代学生，真正成为一名优秀的人民教师。

专家引领　助推成长

——记广东省吴佩新名教师工作室特邀韶关学院廖圣河博士做专题讲座

普宁市流沙第二小学　罗　慈

2019年8月20日上午，普宁市流沙第二小学会议室人气鼎盛，来自广东省吴佩新名教师工作室、陈贵妹名教师工作室的成员和学员以及流沙第二小学全体教师共200多人齐聚一堂，聆听专家讲座。本次活动特邀专家廖圣河博士，是中国教育学会教育学分会课程论专业委员会理事、韶关学院教学督导委员会主要成员、韶关学院课程与教学论研究室负责人、新一轮（2018—2020年）广东省中小学名教师工作室主持人及核心成员专项研修项目（韶关学院）的首席专家和项目负责人。

上午8点30分，廖圣河博士的精彩讲座"做智慧型教师建智慧型课堂——例论教学机智的特点、方法及养成"开始。廖博士首先指出："好老师还应该是智慧型的老师，具备学习、处世、生活、育人的智慧，既授人以鱼，又授人以渔，能够在各个方面给学生以帮助和指导。""做智慧型教师是教师专业发展的一个新方向，是党和国家领导人对新时代教师提出的新要求。"接着，他从教学机智的内涵、作用、特征、原则、方法、类型、养成等方面进行阐述，通过一个个鲜活的教学案例，跟大家一起认识复杂多变的课堂教学，一起分享优秀教师丰富多彩的教学智慧。讲座中，不仅有最新的教育理念，更有实用的教学方法；对教师们既有方法论的指导意义，又有引人思考的启发。

与会教师聚精会神地听着，认认真真地记着，还不时拍下屏幕上的内容。课堂教学始终充满着不确定性，教师必须具备一定的教学机智，方能灵活巧妙地处理突如其来的偶发事件或临时生成的知识，从而顺利完成教学任务，甚至收到意想不到的教学效果。教学机智源于学富五车、源于知根知底、源于宽容相待、源于能言善辩。那些教育大师并非天生幸运地遇到了一帮好学生，而是他们运用了自己的教育智慧，将学生教成了好学生，从而又成就了他们自己的专业智慧！那么，是什么让他们快速地成为名师、教育专家？那就是阅读。廖博士便是通过阅读快速成长的。在别人抱着现有文凭故步自封的时候，他努力读研读博，提升自己的学历；在别人安于现状死教一本书的时候，他潜心课题研究，提升自己的教育科研能力；在别人休闲娱乐的时候，他努力研读教育专著，提升自己的理论水平。

会场上掌声阵阵，大家不仅为廖博士取得的成就所折服，更为他严谨的治学态度所折服。

下午2点，廖圣河博士为大家带来的是讲座"教学论文的选题与写作"。讲座一开始，廖博士就开门见山地指出：教学是立身之本，研究是发展之路，教研是名师之道。教学和研究是一个成熟教师必须荡起的双桨。普通教师要想出名，得坚持"两条腿"走路：一是要上好自己的课；二是要善于发表教学论文。接着，他从教学论文的内涵、特征、选题、写作、投稿等方面进行阐述，着重通过大量具体的论文范例剖析中小学教师在论文写作中经常遇到的问题：态度不够端正、选题没有新意、资料没有积累、写作缺乏技巧等，并提出了应对的策略。廖博士说，教学论文既是推广和共享优秀教学成果的有效途径，是总结和凝练教学经验与水平的重要手段，也是创建教学特色、培养核心竞争力的需要。他建议大家多写论文，为发现、分析、解决教育的热点、难点、前沿问题而研究写作，为解决一线教师教育教学的实际问题而写，为表达自己的思考而写。

3个小时的精彩讲座匆匆而过，大家深感受益匪浅。教之道+研之道=教学之道。大家纷纷表示，将一如既往地把教学任务放在第一位，多关注日常教学，多积累教学案例，多写教学随笔。

享受读书的乐趣

——聆听王文丽老师的讲座"读书至味是清欢"有感

揭阳市榕城区红旗小学　林彩霞

王老师的讲座"读书至味是清欢"勾起了我关于读书最美好的回忆。那就是读师范学校的时候，那个时候，考上师范等于有了"出路"，没有了应试的压力，学校的阅览室、图书馆成了我最喜欢的地方，那时候看书，有的是时间，有的是精力，没有人规定你要看什么书，想看就看，能看尽看，何其快乐。我想，那个时候，我所享受到的快乐感觉就是王老师说的"清欢"吧。

那么，怎样才能让我们的学生也尽早享受到读书的乐趣呢？

王老师首先提出了第一点建议：教师应当培养学生阅读的兴趣，而不是阅读的效果。这一点我深以为然。"兴趣是最好的老师""爱一旦发了芽，就算雨水都不下，也阻止不了它开花"，让学生爱上阅读，不用你催，他就会主动去寻找书籍来阅读。

既然如此，我们对学生阅读的态度就应是支持，而不是支配，我们要给学生创造阅读的条件，营造阅读的氛围，让学生在书香中成长。

王老师还指出：儿童阅读的经验和策略不是教出来的，而是读出来的。并且对于儿童阅读的评价不在于一时，而在于一世，教师应该保持阅读的初心，让阅读回归本来的样子，要体现自由阅读、个性化阅读，读书不应该是学生的一种负担，而是一件轻松快乐的事情，要让学生在阅读中激发、共享、感受幸福，舒服地去读。教师不要试图去掌控学生的阅读，而应"推波助澜"，去点燃学生，使学生在交流、分享中贴近阅读。

关于师生阅读的基本策略，王文丽老师指出，教师应当拿策略教，而不是刻意去教授学生学会阅读的策略。在讲座中，王老师特别以"预测"这一阅读策略为例子讲解，多读多看，策略自然就有了。

"腹有诗书气自华"，读书不仅是精神生活的享受，更是能力、气质提升的捷径，通过阅读可以变得端庄、儒雅、从容，让我们带领学生享受阅读带来的幸福和美好，让人生的答卷更完美。

以"语"动人，以"文"化人

——有感于罗才军老师的《文言文三则》课

普宁市流沙第三小学　林玉端

　　罗才军老师执教的《文言文三则》课，特别是其中《杨氏之子》一篇，让人耳目一新，意犹未尽。课堂上，罗老师幽默、睿智、亲切的教学风格让我难忘。罗老师和谐融入学生，深入学生心灵，那循循善诱、春风化雨的引导，让晦涩难懂的文言文变得有趣有味，学生不再是畏惧而是愉快轻松地学习。罗老师的教学不是"忽如一夜春风来，千树万树梨花开"，而是"随风潜入夜，润物细无声"。

　　文言文教学一直是很多教师教学的软肋。因为通常情况下，我们会觉得文言文很难懂，所以总是会花费大量的时间来逐字逐句地讲解、翻译，试图通过反复、细致的讲解，实现教学目标。其实这种用心良苦不仅没有达到良好的教学效果，反而使文言文的课堂氛围极为沉闷，学生对文言文的学习兴趣索然。罗老师的文言文教学带给我们全新的思路，让我们眼前一亮。在课堂上，罗老师总是能用幽默略有调侃的语言来消除师生之间的陌生感。例如，他故意说："你们读成这样让我怎么上啊？"这样的夸奖给了学生心理暗示：身在这样的校园，你们一定很优秀。学生在自我介绍的时候，没有适时代入自己的角色，罗老师便打趣地说："上课三分钟，不知爸爸是谁？""上课五分钟，不知自己是谁？"这样的幽默在罗老师的课堂中随时可见："我现在可以负责任地告诉你，你是这个班上最聪明的孩子。""猜得合情合理，答案完全错误。"……罗老师幽默风趣的教学风格，让课堂变得愉悦，让学习变得轻松，完全消除了学习文言文自然产生的距离感，学生不再觉得生涩难懂，反而觉得生动有趣。

幽默是一种智慧和能力的表现。一个人只有知识渊博、谈资丰厚、眼界宽阔，才能寻找到幽默，才能使用幽默。作为一名语文教师，必须有丰富的知识积淀，才能让课堂更生动、更有魅力。

罗老师教学文言文的方法别具一格，富有新意。罗老师在教《杨氏之子》这篇文言文的时候，没有一个字一个字地理解，一句一句地翻译，而是另辟蹊径：先让学生找出文中对杨氏子和孔君平的称呼，学生找到了杨氏子还被称为"其""儿""君"，孔君平还被称为"孔夫子"；然后让学生读文言文的原句，在原句中弄清各个人称的意思，自然明了，水到渠成。课堂上，没有罗老师烦琐的讲解，也没有独字独句的分析，有的是学生的主动探究、主动思考，因为要想准确找出句中的人物，就需要认真地阅读课文、理解课文。在这样灵活多变的学习中，学生的兴趣被激发，学习效果非常好。

著名语文教育家叶圣陶先生说："学语文，就是学做人。"《义务教育语文课程标准（2011年版）》指出："在教学过程中，应使学生受到爱国主义教育、社会主义思想品德教育和科学的思想教育，培养学生的创造力及爱美的情趣，发展健康个性，养成良好的意志品格，逐渐形成积极的人生态度和正确的价值观。"罗老师在教学过程中，巧妙地将思想教育渗透其中。例如，当罗老师问一个学生贵姓，这个学生直接回答姓"罗"的时候，他适时引导："中国是个礼仪之邦，从五百年前开始，如果有人问我贵姓，我应该表达自己的谦逊，我应该回答'免贵姓罗'，我担当不起这个'贵'字，这就是中国人的品质。"罗老师在训练学生用文言文介绍对方的时候，有一个学生介绍了对方的缺点，这时他做了这样的引导："这个同学说你'甚呆滞'，意思是呆、笨。他这样说，你不得不回敬他，但回敬是有要求的。他刚才说你很呆滞，听上去很刺耳，我给你个机会回敬，不是让你再来个刺耳的，因为中国人还有一种更高的德行，叫'以德报怨'，你得抓着他的优点说，这样比你反驳他更有说服力，行吗？"

"问渠那得清如许？为有源头活水来。"罗老师生动有趣、引人入胜的课堂背后，是他丰富的知识积淀和对文本的深入解读。"见贤思齐，知不足而后进。"在教育教学中，唯有学习与领悟，唯有互动与生成，才能做到"以语动人，以文化人"，才能做到课堂因"我"而精彩，学生因"我"而发展。

教书·读书

——听王文丽老师专题讲座"读书至味是清欢"有感

普宁市流沙第二小学　王文敏

"人间至味是清欢"，读着就不觉口齿生香。而对于教书匠来说，"教书读书，读书教书"的生活本就是清欢的境界。

听着王文丽老师的讲座，我不禁想起前段时间在《中国教育报》"好教师"平台上有幸听到"国培计划"北京大学小学语文课程开发及教学指导专家、《中国教育报》"2015年度推动读书十大人物"之一的冷玉斌老师分享了他读书的感受。他一直在小镇教书、读书。和孩子一起阅读，让他悟出了"理想的教育无非是师与生都成长为真正的人"这个道理。他的"一天天教书，一天天读书"跟王文丽老师的这个讲座所传达的理念有异曲同工之妙，让我听着倍感温暖。

"让阅读回归本来的样子"是王老师讲座中的一个观点，也是我听后最有感触的地方。王文丽老师还就"功利化阅读"这一话题谈了自己的观点。她说："当下阅读，太多功利性，为了写文章才读。孩子的语文能力和素养不是我们教会的，是孩子们自己通过阅读形成的。"是的，我们要抱着"无心插柳"的心态去做阅读这件事，让阅读回归自然的状态。王老师在讲座中也特别强调了小学阶段重在培养学生的阅读兴趣。她认为只有让学生在课堂中对所学的文本产生浓厚的兴趣，他们才能得到深切感受：阅读是一种乐趣，是一种享受。所以，课堂教学是培养课外阅读兴趣的一个途径。我们要充分利用这一契机，让学生直接与作品进行对话。这样，学生在课堂学习中焕发出情感渴望，更期待课外阅读。

另外，教师应努力成为学生的榜样。就像法国批判现实主义作家罗曼·罗兰说的那样："要撒播阳光到别人心中，总得自己心中有阳光。"所以，我们在学生眼之所及的范围内要有手不释卷的示范作用。身教重于言教，让阅读的种子在无形之中播撒在学生心中。我们还应该主动将自己的阅读体验与学生分享，让学生在分享中加强阅读的愿望。最好是一段时间就安排一次师生共读一本书的活动，这样，学生的阅读兴趣会不断增强，最终形成良好的阅读习惯。

最后，王老师说："在阅读这件事上，语文老师要耐得住寂寞，因为任何急功近利都是对阅读的亵渎。"无独有偶，冷玉斌老师"一天天教书，一天天读书"的生活也需要有一份耐得住寂寞的定力。就让我们在一天天读书、一天天教书中收获自身的成长，寻求诗意的阅读人生吧。

听王文丽老师报告"读书至味是清欢"有感

揭东区白塔镇塔西小学　林妙纯

广东省吴佩新名教师工作室全体成员在吴佩新校长的带领下，参加了东南教育科学研究院的"儿童阅读，种子教师"线上研修班（春季班）培训。让我们走进名师课堂，感受教育的美好！

2020年4月26日晚上8点，我准时收看王文丽老师的"读书至味是清欢"报告。精彩的报告，让我收获颇丰。"在阅读这件事上，语文老师要耐得住寂寞，因为任何急功近利都是对阅读的亵渎，别着急啊，慢慢来，要相信，所有的阅读都会留下印记，都会在未来某一天发出回响，阅读的回响，也如山谷雷鸣，音传千里，一叠一叠、一浪一浪。今天孩子们的阅读或许要在几年后，十几年后，甚至几十年后才显出它的价值和意义。"我对王文丽老师这段话深有感触。

一、教师要有阅读兴趣

有位教师说："每天面对学生问题就已经很忙了，还要备课、批改作业等，连手机短信也没有工夫去看，哪还有时间去看其他书呢。"的确，在工作的时候是没时间看书，但假期呢？有人睡懒觉、打游戏、追肥皂剧，最后荒废了时光；有人把假期当成自己的增值期，利用时间提升自我。假期是一道分水岭。这个世界其实很公平，你打发时间，时间就会打发你；当你忙于提升自己，生活自然也不会亏待你。例如，第三季《中国诗词大会》总决赛上，来自杭州的外卖小哥雷海逆袭夺冠。主持人董卿曾这样称赞雷海："你在读书上花的任何时间，都会在某一个时刻给你回报。我觉得你所有在日晒雨淋、在风吹雨打当中的奔波和辛苦，你所有偷偷地躲在那书店里背下的诗句，在这一刻都绽放出了格外夺目的光彩。"是的，阅读，让人生走向圆满；阅读，让人的容颜变得美丽；阅读，帮助教师实现精神突围；阅读，是一种教育的力量。腹有诗书气自华！

二、家庭要有阅读氛围

"读书是最好的家风，书架是最好的不动产。"如果孩子听不进道理，不懂得好好读书，那么家长的责任就是陪伴他们读书，尽量让孩子少接触手机、电视，多给孩子接触书的机会，营造满是书的生活环境。有好的家庭氛围，孩子喜爱阅读，不用逼迫，读书反而是一件水到渠成的事情。我们始终相信，让孩子爱上阅读，是父母送给孩子这一生中最好的礼物。被誉为"千古第一完人"的曾国藩在对待子女的教育上就非常严格。他会亲自给孩子制订适合他们的学习计划，每天监督他们学习读书。曾国藩的后代也非常优秀，是有名的数学家、教育家等，而这些全都归功于曾国藩。一个藏书多、有文化底蕴的家庭，不光影响着我们，也影响着我们的下一代。我想说：最好的老师是家长，最好的学校是家庭，最好的学区房是你家的书房。

总之，读书不但是一件课余里锦上添花的事，而且是实打实的学习需求。正如培根所说："读书足以怡情，足以博彩，足以长才。使人开茅塞，除鄙见，迎新知，养性灵。"学而时习之，不亦说乎？

做孩子阅读的点灯人

普宁市流沙西街道赵厝寮小学　周蔓莉

居家防疫仍在继续，我们一边指导学生线上学习，一边抓紧时间为自己"充电"。这不，我们工作室——广东省吴佩新名教师工作室的网络研修活动又开始了。

2020年3月3日晚上7点半，工作室40多名成员如约守候，静心聆听东南教育科学研究院组织的"儿童阅读，我们在行动"公益网络教研活动。大家翘首等待重量级嘉宾——曹文轩教授登场。

活动分两个阶段：首先是播放东南教育科学研究院院长薛玉娥访谈曹文轩教授的视频；然后是介绍东南教育科学研究院的儿童阅读课程"全阅读"读本。

曹文轩，北京大学中文系教授，著名儿童文学作家，2016年安徒生童话奖获得者，统编小学语文教科书主编，儿童阅读课程研究中心专家指导委员会儿童阅读课程首席专家。

采访者：薛玉娥，儿童阅读课程研究中心副主任，广东省东南教育科学研究院院长，儿童阅读课程研究中心副主任、秘书长，全国识字写字教学联盟秘书长。

书籍是人类进步的阶梯。在全民阅读的今天，阅读不仅是一种精神、一种力量，也是一种责任、一种使命。"阅读是孩子成长的基石"，教师们已经达成了这样的共识，努力引领孩子们快乐阅读；"读书好，读好书，好读书"是家长们对孩子的殷切期望；而"让书香浸润童年"更是学校打造"书香校园"，完善校园文化建设的不懈追求。那么，在开卷有益的今天，小学生应该读哪些书？阅读课程的开发要做好哪些工作？培养学生成为主动的阅读者，学校、教师能做些什么？对此，薛玉娥女士采访了曹文轩先生，为我们释疑解惑，让我们明晰阅读方向。

采访伊始，薛玉娥女士就向曹文轩教授请教了一个教师和家长都困惑的问题："现在市面上的书很多，尤其是适合小学生阅读的书也很多，在小学生儿童阅读的书目方面，请您给家长和老师提一些建议。"曹文轩教授一针见血地指出，现在很少有人意识到读什么书的问题，其实读什么书是一个非常重要的问题。当今是一个图书泛滥的时代，书籍质量良莠不齐，出版的门槛很低，有些书还不如不读。他建议大家选择一个书单，他推崇朱永新先生的新阅读研究所打造出来的书单，这份书单是可靠、科学、严谨的，他建议大家到网上看一看。曹教授的回答犀利明晰，为迷茫和彷徨中的教师、家长们指引了正确的航向。接着，薛玉娥女士还就儿童阅读课程的开发方面要做哪些工作，请曹教授予以指点。曹教授提出语文学科与其他学科的性质、任务不尽相同，数学课可能在课堂就能够完成教学任务，而语文课仅仅凭借课堂无法完成教学任务，还得依靠课外阅读。他指出，所有语文教师都要达成这样一个共识：课外阅读与语文教学的关系是密不可分的。要开发阅读课程，要建设书香校园，要引领学生阅读，首先要意识坚定，要为学生解决"读什么"和"怎么阅读"的问题。在他看来，天下的书分为两种，一种是"打精神底子的"，另一种是"打完精神底子之后再读的书"。也就是说，儿童应该阅读一些大善、大美、大智慧的书，即用来给精神打底子的书。另外，他认为一个民族要成为高贵的民族，那就需要读一些"血统高贵"、有文脉的书，如托尔斯泰、鲁迅等作家的作品。为了鼓励孩子们多读一些有文脉的书籍，曹教授讲述了他在中学时代熟读鲁迅先生作品的经历来激励听众。他当年在品读鲁迅先生作品的过程中，汲取了书中的精髓，为自己打好了精神底色，才有了从笔下流淌出来的美好而动人的文字，成为当时学校作文中的佼佼者。他提出："没有文脉，何有流淌？没有流淌，何有作文？"这个观点发人深省，引发听众联系他的读书经历去思考，从而明白：唯有阅读有文脉的书籍，才能写出有文脉的文字。曹教授还对东南教育科学研究院寄予殷切的希望，他期望教科院在做阅读推广的时候有明确的意识，要多帮助教师和学生进行图书的选择，否则会对学生造成语文学习的伤害，对学生的写作能力也会造成损害；教师在为学生提供阅读书目的时候，要多关注我们自己的东西，不能只推广西方的作品，不能只"点洋烛"，中国有中国的"灯火"，要把中华民族自己的东西推荐给下一代，把传统文化融入课堂中来。而传统文化的范围很宽，不仅包括我们耳熟能详的古诗文，也应该包括现当代作家写的优秀作品。现当代作家也传承了中国传统文化，学生阅读现当代作家的作品，其实也是在接受中国优秀的文化。最后，薛玉娥女士还就"培养小学生作为主动的阅读者，家长和老师需要做些什么"这个问题，请曹教授为教师和家长们支招。曹教授提出了"建立激励机制""在读中培养兴趣"和"朗读激趣"的建议。他讲述了几年前自己在深圳一所小学参加活动的时候，一位教师和一个小男孩朗读他的作品，引发自己和在场的听众都动情落泪的故事。曹教授不禁感叹声音在这个世界上有着多么奇特的力量，并提出了自己的见解：语文教师应该是合格的朗读者，要通过朗读把学生从声音世界过渡到文字世界。教师可以通过自己动情的朗读，先把学生吸引住，把学生拉进阅读的世界中来，进而培养起学生的阅读兴趣。朗读除了有激发兴趣的作用外，还有筛选作品的功能，可以把二流和三流作品拒之门外。采访结束后，东南教育科学研究院的张老师对《小学生全阅读读本》进行了具体翔实的介绍，从单篇阅读、群文阅读、整本书阅读、项目阅读四个方面展开，对方法和策略予以介绍，让大家在培养学生阅读素养的策略方面也得到触动和启发。

对话曹文轩教授，给了我们方向性的引领；聆听"全阅读"书本的介绍，让我们了解了儿童阅读课程。阅读是一件美好的事情，它虽不能改变人生的长度，但可以改变人生的宽度和厚度；虽不能改变人生的起点，但可以改变人生的终点。作为儿童阅读的引路者，作为儿童阅读的点灯人，作为儿童阅读的推广者和践行者，推荐适合学生阅读的书籍，播下阅读的种子，陪伴学生成长，静待花开，我们责无旁贷。坚定信心往前走，今天我们撒播的阅读的种子，必定在未来的岁月里开花结果。但如何提升学生的阅读兴趣，让学生在愉悦的氛围中自觉地爱上读书，让阅读成为学生的一种习惯，这些问题正是我们工作室所有成员以及每一位语文教师应该积极探索实践的。愿我们成为学生阅读的牧师、传道者，引领学生沐浴书香，涵养生命诗意成长！

让琅琅书声成为课堂上最美妙的声音

——听柏玉萍老师讲座"回到朗读，回到幸福的语文人生"有感

普宁市流沙第二小学　罗　慈

　　朗读，是语文教学中的一个重要环节，是学习语言、驾驭语言、运用语言，从而丰富自己、提升自己的重要方法。战国思想家荀子强调："诵数以贯之，思索以通之。"北宋文学家苏轼也有"旧书不厌百回读，熟读精思子自知"的名言。"书读百遍，其义自见""劳于读书，逸于作文""熟读唐诗三百首，不会作诗也会吟"……这些古人教诲，实际上也是朗读经验的总结，可见朗读在语文教学中占有重要地位。那么，作为语文教师的我们，应该如何正确认识朗读教学，如何在阅读教学中加强朗读训练呢？听了柏玉萍老师的讲座"回到朗读，回到幸福的语文人生"，我感触颇深，收获甚丰。

　　柏老师从"我们为什么要读课文"谈起，指出了朗读的重要性。接着，她结合大量课文实例，指导我们如何运用重音、停连、节奏和语气等技巧进行艺术加工，从而把课文读好，读出层次、读出意思、读出画面、读出情感。讲座现场笑语盈盈，不时爆发出热烈的掌声。柏老师声情并茂的朗读展示，现场教师精彩的演绎互动，无不让我们感受到语文之博大，语言之奥妙，朗读之魅力。震撼之余，我们不得不深思：如何让琅琅书声回到我们的语文课堂？

一、立足课堂，精心指导，强化训练

　　《义务教育语文课程标准（2011年版）》指出："语文课程具有丰富的

人文内涵，语文课要充分重视学生的朗读，让学生在反复的朗读中体会语言所蕴含的丰富情感，并与自己的情感相通，加深理解与体验。"随着课堂教学改革的深入，阅读教学在语文教学中越来越重要，也呈现出多样化的趋势。朗读是阅读的起点，是理解课文的重要手段。它有利于发展智力，传递感情，获得思想熏陶。好的语文课，往往就是通过朗读来升华主题、感染学生、感染每一个听课的人的。好的朗读训练，能极大地提高学生的阅读水平，让学生读有所感、读有所得、读有所悟。然而，在许多课堂上却很难听到饱含感情的朗读，不少学生的朗读水平实在不敢恭维——或者是结结巴巴、语如断珠；或者是声音细小、不重节奏、乱断词句。这些常见的现象，可以归结为学生的朗读能力太差。

著名特级教师李吉林说过："老师的讲解分析不可能代替学生的主观感受……因此，我们主张读得多一些，讲得少一些，练得多一些。"阅读教学要十分重视朗读训练，应留有充分时间让学生试读、练读，读出感觉、读出味道、读出情趣。叶圣陶先生把有感情地朗读叫作"美读"，激昂处还它个激昂，委婉处还它个委婉。然而要真正读出感情来并不容易，需在朗读技巧方面做必要的适当的指导，如停顿、轻重、缓急、语气等。但这些指导不可能课课皆有、次次具备。教师应精心选择朗读练习点、侧重点，通过引读、范读、朗读技能的传授等，有效地提高学生的朗读水平和感悟能力，达到一定的朗读要求和"以读代讲、以读促解"的目的。

二、融情范读，激发兴趣，传染语感

苏联教育家马卡连柯说："教师永远是儿童模仿的典型。"在语文教学中，范读是必不可少的环节。教师创造朗读条件，适当地范读课文，让学生读有榜样，对激发学生的朗读兴趣，增强学生读好课文的信心，提高学生的朗读能力，起着十分重要的作用。就如于永正老师所说："老师的朗读水平有多高，学生的朗读水平就有多高，甚至更高。"但在实际教学中，就如柏玉萍老师说的那样，苦于自己的朗读水平有限，或是声音，或是吐字，对自己的朗读没有信心，教学中有时候知道应该读的，由于朗读水平问题就跳过去了，课堂上少了很多琅琅书声，长此下去也就影响了学生的朗读兴趣和朗读能力。

　　我国播音界泰斗张颂在他的专著《朗读学》中这样说："一个语文老师，如果连课文都读得平板吃力，又怎么能够带领学生进入文字作品的佳境，去领略文学作品的意味，去追求语言表达的完美呢？"范读出自教师之口，入于学生之耳，了然于学生之心，能增强学生对语言文字的敏感性，有助于学生理解课文的内容和形式。教师只有加强自身朗读基本功的训练，达到较高的朗读水平，才能更好地发挥示范朗读的作用。朗读能力应该成为一个教师基本的必备的专业能力。

　　总之，朗读是最经常、最重要的阅读基本功。在语文课堂教学中，应重视并加强朗读训练，将朗读训练贯穿语文教学始终，落到实处，让琅琅书声成为课堂上最美妙的声音。

探究有效教学，寻找学习真谛

——记北京市特级教师袁志勇教授专题讲座

普宁市大坝镇大坝小学　朱素丽
普宁市南径镇大陇小学　李雪吟

2020年11月2日，北京的寒意更浓了，但广东省吴佩新名教师工作室的成员依然热情饱满地迎着冷风走进会议室，开始了来京第二天的学习。这一整天都由北京市特级教师袁志勇教授为我们传经授道。

上午，袁教授为学员带来了"作文有效教学"的专题讲座。讲座一开始，大家就被袁教授诙谐幽默、京味十足的话语吸引。尤其是他讲述自己如何处理师生关系的那份睿智，更是提起了我们的听课兴趣。接着，袁教授又以《鹦鹉的故事》这个富有教育性的故事引发在场学员进行深刻的思考。作为教育工作者，从鹦鹉的身上我们也许会感受到教育有时就是那种"有心栽花花不开，无心插柳柳成荫"的有趣现象。袁教授还根据自己多年的研究总结分别从"有效教学的研究""学习过程分几个阶""学习的本质是什么""有效教学教什么"等方面进行生动有趣的分析，这为我们今后的习作教学研究提供了很好的理论支撑。

袁教授的讲座可谓精彩不断。他通过播放一段鸭子成长的故事的视频告诉大家教育是一件复杂的事，但只要用耐心和智慧去浇灌，总会有花开的时刻。何谓作文有效教学呢？袁教授用《成长的故事》这一作文教学的案例细致地讲解了作文构思的过程以及引导学生观察事物、分析事物、遣词造句、连句成段、连段成篇的有效策略，让教师们深受启发。

　　下午，袁志勇教授继续以幽默风趣的语言为我们带来题为"以学习为中心"的讲座。他强调当前的教育教学工作一定要以学生和教师的学习为中心，而不是只强调学生单方面的学习。他的观点引起了我们深深的思考，更让我们审视自身的发展。接下来，袁教授通过剖析《我成功了》作文教学案例，为我们诠释了"以学习为中心"的教学就是教师要给学生的学习提供支持，这样才能让学习发生。而诱发学生采用"'怎么想'的加缩拆"的思维模式就是给学生的学习提供有价值的支持，这种支持也是袁教授所说的"有效的教学"。袁教授的言论让很多学员产生了共鸣。的确，教师只有时刻关注教与学的相互作用，巧设思维台阶，才有可能引导学生找到解决问题的金钥匙，变未知为已知。

　　袁教授博学多才，不但作文教学理论水平高，课件设计也别出心裁。他在讲座中多次提到优秀的课件应该是有声的，这样的课堂教学才不会索然无味。谁说不是呢？

　　最后，讲座在热烈的掌声中结束了，大家纷纷上台与袁教授合影留念。此时，室外的梧桐树在寒风中瑟瑟发抖，室内的我们却如沐春风，感受着研修带给我们的美好。就让我们带着这份美好继续出发，继续去探究有效的教学，继续去寻找学习的真谛吧！

语文课堂教学应该回归母语习得的本质

惠来县实验小学　翁泽星

　　2020年3月20日晚有幸聆听了吴忠豪教授"统编小学语文教材与教学研究"讲座。吴教授首先从统编版教材的七个创新亮点以及统编版教材的理念出发，全面深入地剖析统编版教材的各个维度设计。再由统编版教材编写意图延伸至语文教学的本质上。吴教授强调：教育就是培养好的学习习惯，语文教育其实质就是培养学生的阅读习惯；积累语言经验是学习语文的基础，教师要将训练的重点放在语言的迁移上，要让学生懂得有意识地比较课文的表达与自己的表达有何高明之处；读书习惯的培养是学生学习生涯的头等大事，关键阶段在于基础教育，更在于语文教师，应试教育不应该为学生不读书背黑锅，而应从教学上找原因；语文课上主要的教学方法就是让学生自己学习，自己读书，培养学生持续性、连贯性的读书兴趣。其中，吴教授引用的两位特级教师的话更是让我醍醐灌顶。"母语学习，一靠积累，二靠实践，语文教学绝不能无视母语学习的这种一般性规律，否则就要碰壁。语文课本中某些学科知识之所以并不管用，就是因为这些知识并不反映母语学习的实际需要。"（顾德希）"语文知识当然要的，但这种知识的获得必须通过学生的实践来体会和获取。不然，仅仅是一些语言学的教条不可能转化为学生的必备能力。"（王宁）两个多小时的讲座，吴忠豪教授对于语文教学研究领域的高屋建瓴和真知灼见让我深受启发，尤其是在落实语文实践训练、语文要素学习与运用实践习得三个方面。这些年来，我们常听中学的语文教师抱怨：中学生作文之所以写得那么差，是因为小学教师基础没教好。小学语文教师当然不认账——你们怎么把责任推到我们身上来了？为什么不从自身找原因呢？于是，"语文应该怎么教才有效"成了所有语文教师困惑的问题。可能大家和我一样经过太多的培训，听过太多的专家讲座之后，"头脑风暴"把脑海中该洗的洗掉了，把不该洗的也洗掉了，曾经一度迷失方向，不知道该怎么上课了。多少语文教师在做这样一件事：一上讲台就开始给课文分段、分层次，接着分析句子、分析词语，犹如医生拿着手术刀在做活体解剖，最后指着支离破碎的文章，跟学生说，这是一篇好文章。如果说文章是美女的话，这样肢解后她还能美吗？只能说是血腥的。结果是：学生由语文课堂的糊涂变成对作文的恐惧，教师则由语文课堂的身心疲惫变成课后的怨声载道，语文教学也丧失其本质。那么，语文教学的本质究竟是什么？我认为语文教学的本质主要是让学生进一步读书，研究学问，表情达意，即"语言的建构和运用""思维的发展和提升""审美的鉴赏和创造"以及"文化的理解和传承"语文四大核心素养培养。这一过程应遵循"以个体为主线，语言为支点，思维为桥梁，文本为起点，学生的个性发展为终点"的原则，包含语言教学、思维教学、个性发展教学三部曲。例如，拿起文本，首先应架起语言支点，然后探究蕴含于语言支点内部的思维意义，并以此为桥梁，最终促进学生的个性发展。因此我认为语文教师应淡化语文课堂的功利心理，凸显语文教学的本质特点，这样才能真正努力实现语文学科特点的价值回归。我们要淡化、摒弃语文教学中浓重的功利心理，认清语文课程的本质特点，认真体会和理解语文课程的基本理念，着眼于学生的发展，正确把握语文教育的特点，不要认为"语文课只是语文课而已，它上演的是阳春白雪，是与生活毫不相干的故事"。恰恰相反，我们应依托教材，结合学生的生活实际进行语文教学活动。学生生活在母语环境中，生活中处处都是语文学习的资源，时时都有学习语文的机会。我们不需要"奉教材为圣经"，而是更需要提高学生在各种场合学语文、用语文的意识。要知道生活即语文，语文即生活，要致力于文本生活化、课堂生活化的语文教学实践，让语文课程贴近社会，走进生活，增强学生的学习能力，把语文课堂知识切实转化为学生的生活能力。

3

第三篇

专题研修，
锤炼专业能力

学习永远在路上——微课学习心得

惠来县东埔场中心小学　余丽旋

在这个春意盎然的周末（2019年4月1日），广东省吴佩新名教师工作室举行了新一轮的培训活动，我们这班小语人又重聚于普宁市流沙第二小学。

早上，我们聆听了韩山师范学院副院长的讲座"《中国教育现代化2035》与粤东中小学教学现代化"。黄副院长有丰富的文化底蕴，他用幽默风趣、通俗易懂的语言，讲述了信息技术在课堂中的运用以及微课的设计与运用，这使我切实感受到教育信息化的必要性。满满的理论知识，我们却没感到枯燥。真是一个高效的讲座！我们纷纷这样感叹。第二小学的校长为这次讲座做了总结：大家在走，我们也要走，学习永远在路上！

下午，韩山师范学院的林晓宏老师给我们演示微课的制作和其在教学上的应用。微课制作方法有：①PPT+Camtasia Studio录制法；②优芽制作法；③Focusky制作法；④智能手机拍摄法。其中，Focusky是一款简单易上手的微课演示制作软件，它有强大的3D放映效果。林晓宏老师对Focusky的操作流程进行了详细的讲解。我们也下载了Focusky，通过实际操作，体验了其强大功能，既兴奋又感叹。

至此，我对微课有了初步的了解。微课是指以视频为主要载体记录教师围绕某个知识点或教学环节开展的简短、完整的教学活动。这一新型教学资源从知识程度上改变了传统课件的设计思路，既顺应了当前课堂教学变革的趋向，也满足了新生代学生的移动泛在学习需求。微课是我们提升自己教学能力的一种重要方式。

　　这一天，学习时间虽然很短，但我还是觉得林晓宏老师在有限的时间里教给我们的基本操作技能很实用。俗话说"活到老、学到老"，我会充分把这次学到的知识应用到教育教学工作中去，敢于尝试、探索，为优化课堂教学、促进素质教育的改革尽自己的一份努力。

名师引领，扬帆起航

——记广东省吴佩新名教师工作室跟岗研修活动

普宁市流沙第三小学　林玉端

聆听讲座，交流研讨，这几天，流沙第二小学到处充满浓浓的教研氛围。2018年11月23日上午，韩山师范学院李静副教授、揭阳市教育局教研室教研员陈少宏、空港经济区语文教研员吴琪、产业园语文教研员王少红、流沙第二小学校长罗勤斌、广东省吴佩新名教师工作室成员、流沙二小一年级语文教师，一起聆听了杨朝晖老师和周春华老师的一年级识字课《日月明》。两位老师面对相同的教学内容，从不同的角度入手，创设不同的教学情境，运用猜字谜、玩游戏等灵活多样的教学手段，让学生轻松愉快地掌握了会意字。

课后举行教学研讨会议。会议由工作室主持人吴佩新校长主持，工作室成员就两节识字课的亮点、值得借鉴的地方以及自己困惑的地方畅所欲言。大家相互切磋、相互交流。

空港经济区语文教研员吴琪指出，两位上课的教师都能准确把握识字的重点、难点，通过猜字谜、编字谜、游戏、想象等形式多样的方法，并创设丰富多彩的教学情境，让学生乐于识字，主动识字，有效识字。她还提出了两点宝贵的意见：第一，识字教学是为了阅读而进行的，因此要落实随文识字的教学；第二，要根据一年级学生的认知水平，多创设有效的情境，让学生直观感知，尽量少出现概念性的东西。

揭阳市教育局教研室教研员陈少宏指出，教师要上好课，必须储备扎实精深的学业知识和驾驭专业知识的能力，才能对知识进行充分的拓展。

韩山师范学院教育学李静教授得知流沙第二小学的校本教研制度落实，教师相互引领、相互探讨的氛围浓厚，给予了高度的评价，并对教师如何提升自我，形成自己的教学风格提出了宝贵的意见。

最后，工作室主持人吴佩新校长感谢各位专家的点评，她对学员们提出了三点建议：第一，教学要以《义务教育语文课程标准（2011年版）》为标准，以钻研教材、挖掘教材、用好教材为本，这样的教学才是有效的教学；第二，教师要研究学生，充分考虑学生的认知水平，准确定位教学目标；第三，教师要注重培养学生良好的写字意识，让学生养成规范书写汉字的习惯。

下午，普宁市教育局教研室柳文龙主任为工作室的学员们带来了一场有厚度、有温度、接地气的讲座。柳主任结合自己丰富的教学经历，给教师的成长提出了建议。他指出，教师成长如同树的长成，需要时间的磨砺，要坚守静待，扎根汲取营养。他强调，教师不仅要读懂自己，更要读懂学生，学会将心比心，换位思考，这样才能更好地教书育人。在讲到如何进行有质量的教学时，他以案例形式结合自己的成长经历，深入浅出，通俗易懂，引起大家的共鸣。柳主任指出，教师成长的根在于课堂，专业发展在于内省，他通过生动形象的例子诠释教师成长与发展的内质，获得大家高度认同。最后，柳主任还就骨干教师如何突破"高原现象"提出了中肯的建议。

讲座结束后，学员们纷纷表示，这是一场接地气、切合当前教师实际的讲座，为教师成长和发展指明了通途。有一位学员说："主任所讲内容很实际，做起来并不难，但如果能坚持做，就会有意想不到的收获和进步。"他说出了大家的心声。

跟岗培训给了我们一起研修、共同成长的机会，我们坚信，有专家的引领，有大家的共同努力，名教师工作室的路会越走越宽。

同心同行，共建小语家园：小学语文名教师工作室建设实践探索

新教材·新理念·新教法

——记广东省吴佩新名教师工作室课堂教学研讨活动

惠来县实验小学　翁泽星

在这硕果飘香、流金溢彩的深秋时节，广东省吴佩新名教师工作室的全体学员齐聚普宁市流沙第二小学，针对本学期全新的部编版教材开展主题为"新教材·新理念·新教法"的课堂教学研讨活动。

2019年10月21日至26日，在工作室主持人的安排下，每位学员献课一节，所选课文涵盖了三到六年级的语文课型，既有精读课，也有略读课，还有整本书导读课，将新教材新的编排特色——三位一体的课例都做了展示。参加观摩本次课堂教学研讨活动的还有工作室教研员、普宁市教研室小语教研员马丹虹老师以及流沙第二小学各年级的语文教师，可以说此次课堂教学研讨活动也是流沙第二小学的一场小语盛事。

王文敏老师执教的《小王子》导读课，很好地贯彻了《义务教育语文课程标准（2011年版）》提出的"要重视培养学生广泛的阅读兴趣，扩大阅读面，增加阅读量，提高阅读品位。提倡少做题，多读书，好读书，读好书，读整本的书"的要旨。课堂上依据四年级学生的阅读水平，初步了解《小王子》这本书及作者的基本情况，聚焦"驯养"，进行多维度解读文本，初步感知思想主题，激发学生阅读兴趣。

翁泽星老师在教学《圆明园的毁灭》时，以奠定文章主题基调为导入，通过提挈课文头尾，激发学生情感之后，再重现圆明园昔日的辉煌，加深了学生的理解。最后，以学习思考的人文情怀为启蒙结束了一节课的教学。

林妙纯老师执教《掌声》一课，先引导学生带着问题默读课文，从描写动作、神态的语句中，体会英子的内心情感，体会英子前后变化以及变化的原因，并让学生试着转换人称，从英子的角度复述故事片段，从而感悟学会尊重别人、关爱别人是美好的品质。

林小红老师执教《在柏林》一课，重点通过抓住环境、情节描写，感悟人物形象，突出文中的一些矛盾，品味作者要表达的意思，从而让学生感受作者构思的巧妙。

朱素丽老师执教《太阳》一课。课堂上，她注重让学生抓住每个自然段的重点词句，体会说明事物时怎样运用列数字、作比较、打比方、举例子等多种说明方法，并练习运用。在阅读中，使学生理解课文是怎样讲述太阳的特点和人类的关系的。

谢培苗、杨旭珊、罗慈三位老师同选了六年级上册第四单元课文中的精读课文《桥》，进行了一次新理念下的同课异构课堂教学研讨活动。

谢培苗老师通过让学生感悟文字、理解课文内容、体会人物的精神世界、感悟人物品质的思路开展课堂教学。

杨旭珊老师以"引导学生温故知新，认识读小说的方法；品味情节，感受人物形象，升华主题；拓展延伸，掌握读小说的方法"为线索进行课堂教学。

罗慈老师以启发学生感知情节冲突、理解人物形象为突破口，进而感悟题目"桥"的含义和小说"巧设悬念"的特点组织课堂教学。

每天下午现场课结束之后，工作室主持人吴佩新都会组织工作室全体学员开展集体议课活动。大家各抒己见，既肯定课的亮点，也提出改进建议。吴校长鼓励大家借着这次部编版教材在全国同时铺开的契机，认真研读新教材，用好新教材。她提醒大家首先要深入领悟新教材的编写理念、编排特色，重新研读《义务教育语文课程标准（2011年版）》，更新教学观念。其次备课时要深入解读文本，围绕语文学科核心素养——语言建构与运用、思维发展与提升、文化传承与理解、审美鉴赏与创造，结合各年段学生特点，准确定位教学目标，采用适切的教学方法，落实语文要素，渗透人文主题，不断提升学生语文核心素养，让自己在语文课堂教学中能真正推陈出新，不断提升教学水平。

10月24日下午，汕尾市陆河县实验小学校长、广东省名教师工作室主持人叶纂妹率领工作室部分学员到访我们工作室，与我们工作室开展交流互动。两位主持人分别对各自工作室的组建、活动形式、未来规划、课题开展等情况进行了分享交流。

叶校长还特地为大家做题为"让我们一起好好做教育"的专题讲座。

这不是一场教研活动的结束，而是一位"博学语文"教师的开始，我们可以站在文字里相望，站在文字里相融；我们可以朗读诗词歌赋，可以解读经典篇章。最远的距离成为最近的咫尺，我们应该这样阅读下去，行走下去……以课会友，做幸福的小语教师。

坚定信念，始终如一

——记2020年广东省吴佩新名教师工作室跟岗研修活动

普宁市流沙第二小学　王文敏

冬至已至，寒意更浓。广东省吴佩新名教师工作室的全体学员无惧寒冷，聚集到温暖的大家庭，参加工作室最后一次跟岗研修活动。大家都珍惜这次弥足珍贵的机会，暂停繁忙工作，齐聚一堂。

2020年12月18日一早，工作室的所有成员顶着逼人的寒气来到普宁市流沙第二小学，开始第一天跟岗。今天的主题是"整本书阅读研讨活动"。上午，由工作室两位网络学员——流沙第二小学骨干教师蔡惠娜、朱满虹老师献上两节整本书导读课。工作室成员与流沙第二小学语文科任教师共70多人一起听课。

首先是蔡惠娜老师带领一年级的小朋友一起阅读绘本《神奇种子店》。蔡老师谙熟儿童的年龄特征，她牢牢抓住儿童好奇心强又注意力不够集中的心理特点，巧妙地通过"猜测"的教学手段，适时地让学生停下来，猜一猜，发现绘本中的小秘密，想象故事的发展。例如，又白又冰凉的种子会长出什么？课堂上，学生们联系自己的生活经验，答案五花八门。所有学生对于"猜测"这一环节都表现出极大的兴趣，那兴奋的发光的眼神在传递着思维活跃的信息。蔡老师还借助"隐语"与动作结合，调动学生参与的积极性。绘本中的每一个情节都让人充满期待，狗獾叔叔的隐语"中兹，中兹，棵歪颠吃乌来，中兹，中兹，棵歪颠吃乌来……"更是为绘本赋予了魔法般的神奇力量。蔡老师抓住这一点，让学生把隐语学起来，并贯穿绘本教学始终，每读到这一部分，就带领大家念起隐语，做起施法的神秘动作，学生们总是欢欣不已。读绘本就像在玩一个有趣的游戏，学生的表现是自主的、投入的、快活的。课堂上，蔡老师更是注重培养学生提炼关键句式，拓展想象。在解读绘本的过程中，她提炼出了两个句式：绘本中段，"＿＿＿＿＿的种子长出＿＿＿＿＿"；绘本结束，"我想要会长出＿＿＿＿＿的种子，因为＿＿＿＿＿"。这两个句式大大拓展了学生的想象力，训练了学生的口语表达能力。在想象"＿＿＿＿＿的种子长出＿＿＿＿＿"时，她引导学生找出事物的特点，延伸到种子的形态，再说出完整句式，这就如同给学生画了一张思维导图，使他们思维有条理，表达更清晰。

蔡老师的绘本导读课，不仅带领一帮小学生在宫西达也的绘本里度过了一段快乐的时光，也让听课的教师对绘本教学有了更深的领悟。

接着是朱满虹老师执教的《孤独的小螃蟹》导读课。《孤独的小螃蟹》是统编版教材二年级上册"快乐读书吧"的推荐书目。朱老师上课一开始就利用"玩拍手游戏"的有趣环节让学生感受有伴玩得开心，从而相机引入本节课的学习内容，并紧抓"孤独"一词进行多层面的诱导，让学生感受书中主人翁"小螃蟹"的孤独。接着，朱老师紧扣"认识书的封面"这一学习要求，引导学生从"看封面，知作者""找目录，获信息""看插图，提问题"这几个方面"寻找封面的秘密"。朱老师很有亲和力，她借用"小采访"的教学手段拉近了师生的关系，让学生畅所欲言。然后，朱老师又通过"观看小视频""师生共读文段""欣赏插图""指导制作阅读卡"等环节层层深入地激发学生的阅读兴趣，从现场学生兴奋的表情中可以感受到，这是一节很有实效性的导读课。

课后，吴校长要求所有听课教师转变观念，深入领悟统编版教材"精读""略读""课外阅读"三位一体的编写理念，明确指导课外阅读已经是语文教师非做不可的事，应积极行动，把课外阅读指导落到实处。

下午，工作室学员们在主持人吴佩新副校长的带领下，继续探究阅读指导课的教学策略。

吴校长先组织大家观看工作室网络学员参加普宁市微课大赛获奖作品。我们一口气观看了五个来自不同年级的"快乐读书吧"推荐书目的导读微课。这些微课都是经过吴校长的精心指导，在本届普宁市微课设计比赛中分获一、二等奖的作品。学员们在观看的同时还适时进行交流，大家不仅欣赏了五节精彩的微课，还学习了让微课制作更完美的方法，真是收获满满。

最后，主持人吴校长做了总结。她结合工作室研究课题"小学生阅读素养形成培养策略的研究"中期总结工作，分析了今天的课例和近期大家上交的整本书阅读导读教学设计、论文、微课的情况，敦促大家在已有研究的基础上，继续做好课前三分钟激趣和整本书阅读指导策略的探索，争取出成果，为提升学生的阅读素养尽责尽力。

聚焦名师课堂，探索永无止境

惠来县实验小学　翁泽星

　　2020年12月20日，寒风拂面，迎着冬日的晨光，工作室的所有成员开始第三天跟岗学习。今天的主题分为"课例研讨"和"研修总结"两部分。

　　上午，首先由我分享了贾志敏老师的经典课例——《卖鱼的人》。

　　观看之余，我分享了自己对这节经典课例的心得：这是一节我终生难以忘怀的课。虽然贾志敏老师已离开了我们，但他的教育艺术的光芒依然在照耀。这节课的直观感觉是简约而真实。一块黑板、一支粉笔，没有华丽的辞藻装饰，有的是深入文本的导学智慧；没有刻意寻找亮点，有的是不断被教学机智点化的教学高潮；没有把课堂当作个人展示的表演舞台，有的是时刻关注学生语文素养和人文精神习得的情怀。贾老师是一位特别注意语文细节严谨性的语文大师，他就是用这样一种最古老、最朴素的教学形式，带领学生走进了真正的语文课堂，教出了纯、真、实、活、浓的语文味。只有质朴而简约的风格和博大精深的智慧方能演绎出这样精彩的本真语文，"浮华褪尽方显本色"是贾老师留给我们小语教育的金钥匙。

　　紧接着，林小红学员分享了由徐州市鼓楼小学孙媛媛老师执教的教学课例——《慈母情深》。

　　林小红老师也分享了自己对这节课的点评：《慈母情深》这篇课文体现的是母爱的伟大，但对于今天的孩子们来说，他们很难与作者一样深刻体会到母爱的伟大。确实，这篇课文的讲解有难度、有挑战性。本课孙老师以"情"为主线展开教学，把学生带到文本情境中，从而感知母爱的伟大。孙老师紧紧抓住三个画面来讲：一是母亲的背影图；二是母亲的转身图；三是母亲和同事的对话图。把学生带到课文的情境中，让他们感同身受，从而理解慈母情深。

下午，全体学员再次聚集到工作室，对入室三年来的研修做总结。三年时光如白驹过隙，弹指之间，是感恩，是满足，是成长，是写满了不舍的记忆。大家在充满感动和不舍的氛围中分享了自己的成长历程，只言片语汇聚了我们共同的感悟：名教师工作室是教师专业成长的平台，是教师发展的加油站。在吴佩新名教师工作室这样的"家庭氛围"中，我们欢聚一堂，亲如兄弟姐妹，互相学习，共同切磋，享受志同道合的教育乐趣和华山论剑般的教学激情，共同期待创造教育的美好和未来。其间，有辛苦也有幸福，有汗水也有欢笑，更有不舍与感动。

我们的吴大姐说：工作室三年研修周期结束了，但语文教学的探索永无止境！愿大家把终点作为新的起点，坚定信念，砥砺前行，始终把最美小语人作为自己教育人生的美好追求！

同心同行，遇见美好

——工作室成员台州研修小结

普宁市流沙第二小学　吴佩新

2018年11月7日至11日，我们工作室成员一行11人，参加浙江省台州市王崧舟特级教师工作室主办的基于统编版教材小学语文教学能力提升研修班。11个对语文同样痴情、对王崧舟老师同样景仰的人，带着一颗近乎朝圣般的虔诚之心，千里迢迢共赴一场语文人的美好约会。

研修班地点就在台州市椒江区"秀外慧中"的海门小学。海门小学有福哇！一所学校里就有包括校长在内的王崧舟老师的3名弟子！这里已经连续承办了五期王崧舟工作室的研修活动。从开始的几十人发展到这一期的500多人，吸引了越来越多从全国各地慕名而来的小语人，大家齐聚海门小学，共享语文的饕餮盛宴。

研修主题是"基于统编版教材的小学语文教学能力提升"。王崧舟老师领衔的6位名师，聚焦统编版教材，或通过课例演绎他们对如何用好教材的理解、示范，或通过讲座直接讲授如何准确解读文本，明确教学要求，采用适切的教学方法……6位名师，儒雅大气如王崧舟老师，活泼靓丽如许嫣娜老师，幽默俏皮如何捷老师，温婉博学如余丽老师，直率开朗如曹爱卫老师，天生丽质、多才多艺如冯栎钧老师。名师们的课各具风采，各显魅力，都深深吸引着课上的学生及台下的教师们。当然，最引人入胜的还是王崧舟工作室的领航人、当今小语界领军人物王崧舟老师的诗意课堂。他那一咏三叹的崧舟式课堂，相信无论是谁，都会不由自主地被深深吸引，进入一个由语言意象构建的空灵、绝美的语文空间。在王老师的引导下，看似简简单单的读、说、写，却是实实在在的语言实践、文化熏陶，是诗意的语文、生命的语文。

王老师这次执教的是统编版教材三年级上册《去年的树》这篇童话。这一课王老师在若干年前就教过了，那么，基于统编版教材的教学设计会相应做什么调整呢？课堂伊始，王老师仍然直接入题，让学生齐读课题，然后抓住统编版教材颇具特色的单元导语"感受童话丰富的想象"，以及课后思考题"联系课文展开想象"，让学生明确单元目标与本课目标。整节课教学的主线紧紧围绕这两个目标进行。首先是创设情境，品味第一段的两个"天天"，让学生在想象说话中感受鸟儿与大树一唱一听、相依相伴的深情。王老师特有的诗意语言，犹如回环往复的清丽小曲，让人着迷。接着是抓住鸟儿与树、树根、大门、小姑娘的四次对话，巧妙地引导学生想象说话、写话，反复地入境朗读更是让学生自然而然地进入文本，进入人物内心，对童话的丰富想象体验也特别深刻。王老师略带磁性的声音始终牢牢地抓住学生的心，抓住所有听课者的心。难以想象，王老师从一年级带到六年级的学生，语文素养会达到何等高度呢？心中暗暗感叹：诗意课堂你可以学习，但是王崧舟老师的课堂你永远只能仰望！

其他名师也都是经过千锤百炼的专家了，课堂的精彩自不必说。讲座都是他们精心研究的结果，是他们教育智慧的结晶。余丽老师的讲座"领会编者意图，研究学习过程"就是对用好教科书的最好指引。

三天的学习，早出晚归！中午12:30就开始学习还是头一回！夜里大家还意犹未尽，集中一起交流讨论，几位核心成员还把每天的收获写成通讯稿，发送到公众号与大家分享。

台州之行，开启寻梦之旅！我们笃信：只要坚定前行，必定遇见最美的自己！

学然后知不足　做必定能发展

普宁市流沙第二小学　吴佩新

金风送爽的日子里，我们来到了盼望已久的六朝古都江苏省南京市，参加为期六天的广东省2019年中小学幼儿园名教师、名园（校）长工作室主持人团队专项研修。虽然只有短短六天的学习，却是获益良多。

本次活动由广东省教育厅主办，韩山师范学院承办，中国教师教育网协办并组织实施。培训地点在南京市山水时尚酒店。整个培训过程，韩山师范学院的姜永胜老师、中国教师教育网的曲远洋老师全程跟踪管理，对学员的吃住行都做了细心的安排，为大家创造舒适的学习、生活环境，为大家能安心学习保驾护航，实在感激、感动、感恩。

本次研修安排的课程，首先是两场通识讲座，分别是南京师范大学邵泽斌教授的讲座"基础教育使命：知识转型与课程教学改革"和南通教育科学研究院冯卫东院长的讲座"点亮教育人生的'灯'：和中小学优秀教师谈'教学主张'"；接下来的讲座都是围绕工作室的构建、运行以及内涵发展的方法、策略的指导。其间还安排了两场访学：拜访栖霞区教师进修学校副校长、名教师工作室主持人李宝玉工作室，以及鼓楼区第二实验学校副校长、特级教师、名教师工作室主持人郭学萍工作室。学习期间还穿插学员的成长历程分享、课前小活动等项目，既活跃紧张的学习气氛，又促进学员之间的交流互动。思想的碰撞，让大家思得更深，看得更远。

教授、名师的精彩讲座，向大家传经送宝，让我们这些来自粤东教育欠发达地区的所谓名师如饮甘霖，如沐春风。细细回味，总结本次研修之收获，有如下几点。

一、开阔视野，厚植理论根基

全国教育看江苏！这次来到南京，身临其境，聆听江苏的大学教授、教育科研专家、名教师工作室主持人的授课，终于是眼见为实。每位讲课的教师都是滔滔不绝，口若悬河，妙语连珠，一讲几个小时都不必看稿子，如果不是真真正正地做学问，哪能如此博学、专业？邵泽斌教授对当前基础教育改革的得失成败分析精辟，观点独到，让置身基础教育的我们能跳出圈外反观现实，多出几分思考，少了几许迷茫。而邵教授对美国赫尔巴特和杜威两种教学观的介绍，则让我们对平时所了解的教学论有了更全面、系统、深刻的理解，犹如拨云见日，心中顿感清明澄亮。冯卫东院长关于"教学主张"的阐述，让大家明白要"做明师，过一种明明白白的教学生活"。冯院长结合自己指导的一个个提炼"教学主张"的具体案例，向大家介绍教学主张的炼制方法。反观30多年的教学经历，我的教学主张是什么？实在汗颜！我们所处地域固然是教育欠发达地区，缺乏教研氛围，但只要自己能下苦功，坚持不懈，也能摸索出自成一格的教学风格吧？可我们一向是懵懵然，鲜明风格不敢说，顶多是依纲扣本，老老实实完成教学任务。多学习教学理论，多思考教学现象，多提炼教学规律，在本分完成任务的基础上，形成教学主张，带领工作室学员闯出教学教研的新天地，这是我们身为主持人肩负之责任。

二、获取"真经"，明了工作室运行之道

本次研修，共有5位专家、名师为我们传授名教师、名园（校）长工作室的构建及运行策略，分别是王为峰、凌宗伟、郭学萍、李宝玉、鞠九兵，他们一个个身怀绝技，对教育满腔热情且为之奋斗终生，令人心生敬畏。他们从工作室的定位认识到正常运行机制；从工作室的常见问题析疑到内涵发展策略，结合翔实案例，向我们娓娓道来。惊叹于他们的博学、睿智、专业，钦佩他们不改初心，逐梦而行，钦慕他们终能收获教育人生的"诗与远方"。

三、学然后知不足，做必定能发展

学然后知不足。精彩的讲座，教授、专家们的现身说法，令我们深深为

他们的学识与敬业精神所折服！反观自身，虽然有对教育的挚爱，但行动力不足！缺乏钻研精神，因此知识底蕴薄，特别是教育教学理论更是欠缺！正因为如此，自工作室开展活动以来，常有心有余而力不足之感，对学员的指导也常常是捉襟见肘，实在感觉配不上"名师"的称号。幸好现在学习机会多多，正如鞠院长所说："行政的周期有限，学习的周期是无限的！"知不足而奋起直追，一定为时未晚！我想，通过本次学习，本人以及工作室的运行须朝以下几个方面努力。

1. 读书·实践·思考

几乎每一位授课的专家、名师都反复强调：多读点书！是啊！不要说身为名师，就是普通的教师，都要好学、善学，博览群书。一方面，是紧跟时代发展变化，不断充实自身知识底蕴的需要。现在当教师已经不仅要有"一桶水"，而且必须有"长流水"，这样才能成为真正的"师者"。另一方面，成为手不释卷，课上旁征博引、左右逢源的教师，学生才会跟着你亲近书籍、爱上读书。而作为工作室主持人，面对的就不是学生，而是与一群有着相同志趣的人一同学习、探讨。因此必须有合理的知识结构。首先必须有扎实的教育教学理论知识，起码对所教专业的相关教育、教学、心理学等方面的知识都必须了解，甚至精通，而这恰恰是我们这些中师起点的人的短板。所以，趁着工作室有一群爱读书的人为伴，这几年将恶补教育教学理论专著，尽量从中汲取精华，用以指导实践行动。

诚然，读书、实践是不能截然分开的，读书是为了指导实践。缺乏理论的烛照，实践犹如盲人走路。例如，不深入解读课程标准，你的教学就是糊里糊涂的，制定怎样的教学目标才合适？采用怎样的教学方法才符合学生年龄特征？这样的课堂也将是凌乱、低效的。所以，一边读理论，一边在课堂中、在一场场的研讨中反复实践检验，让理论得以内化提升，相信这也是提炼"教学主张"的必经之道，是修炼自身魅力的不二法宝。

2. 反思·行动·发展

我们工作室启动已经一年多了，也基本能按上级的要求开展活动。但是，总感觉工作好像还没走上正轨，都是被动而为。究其原因，我以为主要是：第一，主持人自身"功夫不够硬"。如果主持人学识渊博，精通教育教学理论，课堂教学技艺精湛，能写会讲，那带领学员学习就能得心应手。第二，缺乏学习研究的氛围。处于教育欠发达的粤东地区，学习、研究似乎是外星人才有的事，人们习惯优哉游哉地过日子，连书都懒得拿起来，喜欢的事是喝茶聊天、看电视、锻炼身体……再看看江苏的名教师工作室，主持人一个个都是赫赫有名的专家名师，成员也都是小有成就的名师，如此团队，那才是名副其实的"名教师工作室"。

学然后知不足。正因为江苏的教育力量强大，教学成果显著，教育人才辈出，我们才千里迢迢来"取经"。我们的落后是不争的事实，关键是知不足后的自省，"取经"后的行动。专家们为我们做了工作室构建与运行的指导，虽然感觉他们做得"高大上"，我们望尘莫及，但只要正视不足，重新审视我们工作室的定位、发展目标、内涵及发展策略，结合本地的实际情况，做相应的修改、完善，努力克服各种困难，一步一个脚印稳步前行，我坚信，我们的工作室也必定能发展壮大！

路在脚下，"既然选择了远方，便只顾风雨兼程"，诗与远方必定属于我们！

研修心得

大南山华侨管理区南侨慈云小学　杨嘉纯

2018年11月7日，我参加了工作室的研修活动，前往浙江台州聆听王崧舟工作室组织的基于统编版教材的小学语文教学能力提升研修。

此次活动有幸听到王崧舟工作室各大名师的观摩课和讲座，收获颇多。王崧舟老师令人如痴如醉的诗意语文、许嫣娜老师甜甜的"糖果"课堂、何捷老师自由幽默的学习氛围、冯栎钧老师别具匠心的板书设计都给我留下深深的印象。

但最让我意犹未尽的是王崧舟老师在他的致辞中所提到的一个对我而言陌生的词——核心竞争力。乍一听很抽象，难以理解，但老师讲了一个熟悉又新颖的例子——龟兔赛跑，并向我们提出一个疑问：如果结局不变，过程改变，可以怎么写？

我认真地想了，但百变不离其宗，兔子自以为是而导致失败，乌龟坚持不懈终于成功的道理已经固化在我脑海里。直至老师点拨说"乌龟会游泳，但兔子不会，所以可以改变赛道，把赛道设置成河流"时，我才茅塞顿开。

是啊，如果改变了赛道，即使兔子没有自以为是，而是像乌龟一样坚持不懈，也有可能败给有游泳技能的乌龟。而这就是每个人的核心竞争力、每所学校的核心竞争力呀！

反观我自己，在教学上自认为竭尽全力，但也常苦恼为什么这么努力地教，学生还是学不好。我分析了很多方面的原因，教学方式、学生基础水平、父母情况等，其实都有所影响。但作为一名教师，在很多时候我都力不从心，唯独教学是我所能改变的。记得在培训期间交流探讨时，我们讨论过许嫣娜老师"随文识字"的教学方式，因为我习惯单独识字的传统方法，总觉得"随文识字"对我来说很困难，不知从何入手、怎么设计。吴佩新校长鼓励我说"你这么年轻，要去尝试"，于是有了尝试做"随文识字"的想法和计划。我想这就是核心竞争力带给我的思想激励，教无定法，只有敢于去尝试、去探索，才能让自己在教学生涯上不断收获、不断进步，形成自己的核心竞争力。

另一件同样触动我的事是王文敏老师讲述她去广州学习时的一个小收获，讲到关于课外阅读的教学，她提到如果学生没有条件阅读或借阅课外阅读的材料、书籍，那老师也可以想办法给学生创造条件，如自己读给学生听。确实，我也常无奈于学生没有比较好的家庭环境、学习环境去给他们提供课外阅读条件，以至于他们的课外识字量、阅读量少之又少，但我却忽略了其实我也可以尽我所能去帮助他们。没有条件就去创造条件，而不是以各种借口推脱，只有在尝试过程中去其糟粕，取其精华，寻到最适合学生也最适合自己的教学方式，才能慢慢汇聚形成自己作为一名教师的核心竞争力。

在人才辈出的现在，教育并不缺乏高学历的教师，而想成为一名有核心竞争力的教师却并不简单，我只有不断去摸索、尝试、进步，才能让自己无愧于教师这份职业。"桃李不言，下自成蹊"，希望在工作室的引领下不断学习、不断进步，遇到更好的自己，成为学生在知识旅途上更好的引路人。

京城喜相逢，研修撷硕果

——记广东省吴佩新名教师工作室赴京研修

揭东区白塔镇塔西小学　林妙纯

揭西县棉湖镇湖东小学　杨旭珊

2020年11月5日清晨，北京秋意正浓，看着街道两旁、街心公园的树木或绿或黄或红，不由得让人想起苏轼的"一年好景君须记，正是橙黄橘绿时"。这醉人的秋还来不及好好欣赏，转瞬间，广东省小学语文名教师工作室团队联合研修已接近尾声，我们把满满的收获写在笔记本上，也写在每个人的心上。

上午，在北京市特级教师、朝阳区专家讲师团成员、高中教研员胡梅芝老师响亮的口令下，我们做起整齐的热身操，同时也拉开了讲座的帷幕。胡老师虽年过花甲，但依然精神矍铄，热情洋溢的态度，一下子就让听课教师肃然起敬。大家安安静静地聆听了胡老师的"小学语文教学研习与探究"讲座。

"小学语文教学怎么教？"胡老师一边带着大家深度解读语文课程标准，一边层层深入地为我们剖析。她提出小学要落实"启蒙""积累""养成"三个维度的教学。那么，"新课标要怎样落实呢？"胡老师结合自己多年的教学实践经验，为学员们指明方向：①做学生启蒙阶段的竹马之友；②当教材研究的良师益友；③做习作教学的有心教师。

"读万卷书，行万里路。"讲座中，胡老师一再强调语文教师一定要在职业化阅读的同时多读点"闲书"，因为语文是生命教育课，"闲书"是语文教师储备知识的重要载体。阅读会提高教师的涵养，这对学生的终身发展有重要的帮助，因此胡老师还向学员们极力推荐《温儒敏谈读书》这本书。

最后，胡老师深情地为我们朗诵《我的少男少女》。她时而慷慨激昂、时而浅吟低唱的朗诵赢得大家阵阵掌声，我们的激情瞬间被点燃。

下午，北京市昌平区教师进修学校小语主任、高级教师陈丽带来了讲座"统编教材视域下的整本书阅读"。陈老师结合当下各学科试题中阅读题存在的现象，围绕"整本书阅读的价值与意义、构建三位一体的阅读体系、整本书阅读中的阅读策略教学"的理论知识，结合绘本教学案例展开讲述。她强调学生只要有一定的阅读沉淀，学会整体感知、提取信息、梳理信息、做出评价，整本书的阅读就会有量的堆积、质的飞跃。

陈老师气质高雅，美丽大方，讲起课来激情澎湃。她把统编版教材与整本书阅读进行整合，不仅增加了学生的阅读量，更提高了他们的阅读能力。这样的阅读教学令人耳目一新，听后收获良多。

今天的我们，为了共同的梦想、共同的教育情怀，行走在北京研修之旅上。道阻且长，但我们孜孜以求，抱团取暖，在这北京深秋最美的时节，共赏秋色，共撷研学硕果。

揭阳市"整本书阅读"教学研讨会致辞

尊敬的各位领导、老师们：

上午好！屋外寒风阵阵，这宽大的演艺厅里却暖意融融。这温暖来自在座每一位热爱教育、钟情小语的教育人。首先，请允许我代表广东省郑冬梅名教师工作室、广东省吴佩新名教师工作室对大家的到来表示最热烈的欢迎并致以最崇高的敬意！对精心组织这次活动的揭阳市教育局教研室及各县市教育局、普宁市红领巾实验学校、普宁市流沙第二小学表示衷心的感谢！

"整本书阅读"最早是叶圣陶先生提出来的。他认为学习语文的目的是："对本国文字的阅读与写作教养，即养成阅读能力和写作能力。对于阅读能力的培养，非课外多看书籍不可。"现行语文课程标准也在阅读建议中提出："要重视培养学生广泛的阅读兴趣，扩大阅读面，增加阅读量，提高阅读品位。提倡少做题，多读书，好读书，读好书，读整本的书。"而2016年开始使用的部编版教材终于把课外阅读纳入课堂教学。新教材采用"精读、略读、课外阅读"三位一体的编排体例，在每一册语文教材中设置"快乐读书吧"，课外阅读终于名正言顺地走进课内了。现在，如何指导学生开展整本书阅读，培养学生的阅读兴趣，形成阅读习惯，提升语文核心素养，成了摆在每一位语文教师面前的一大问题。缘于此，两个工作室试图将我们对整本书阅读的肤浅认识与大家进行交流，意在抛砖引玉。

再次感谢大家莅临指导！祝大家身体健康、工作顺利、生活愉快！谢谢大家！

吴佩新

2019年12月9日

《小王子》导读课教学设计

普宁市流沙第二小学　王文敏

【设计理念】

《义务教育语文课程标准（2011年版）》指出：要重视培养学生广泛的阅读兴趣，扩大阅读面，增加阅读量，提高阅读品位。提倡少做题，多读书，好读书，读好书，读整本的书。关注学生通过多种媒介的阅读，鼓励学生自主选择优秀的阅读材料。加强对课外阅读的指导，开展各种课外阅读活动，创造展示与交流的机会，营造人人爱读书的良好氛围。

课外阅读是学生在教师的指导下从事的主体活动，它以学生主体的和谐发展为旨归，其理论意义在于明确课外阅读的作用和意义以及课外阅读指导的重要性，从而让课外阅读有效而充满活力。学校应为师生营造良好的读书氛围，教师应为学生的课外阅读提供书目，授予学生课外阅读的技巧，对学生的课外阅读进行评价，以有效地指导学生的课外阅读。

【故事简介】

《小王子》是法国作家安托万·德·圣埃克苏佩里于1942年写成的著名儿童文学短篇小说。本书的主人公是来自外星球的小王子。书中以一位飞行员作为故事叙述者，讲述了小王子从自己的星球出发，在前往地球的过程中所经历的各种历险。作者以小王子孩童式的眼光，透视出成人的空虚、盲目、愚妄和死板教条，用浅显天真的语言写出了人类的孤独寂寞和没有根基随风流浪的命运，同时也表达出作者对金钱关系的批判，对真善美的讴歌。

【导读目标】

（1）初步了解《小王子》这本书及作者的基本情况。

（2）了解《小王子》这本书的主要内容，激发阅读兴趣。

（3）聚焦"驯养"，多维度解读文本，初步感知作者情感和思想主题。

【导读重点】

了解《小王子》这本书及作者的基本情况、主要内容，激发阅读兴趣。

【导读难点】

聚焦"驯养"，多维度解读文本，初步感知作者情感和思想主题。

【导读准备】

多媒体课件、原著。

【导读过程】

（一）谈话导入

（1）借助如何"聊天"这一话题引入教学内容并板书题目。（板书：小王子）

（2）从《小王子》的发行量及众多版本谈起，提醒学生阅读外国作品要懂得关注版本。（板书：关注版本）

（二）走近作者

过渡：聊到这儿，大家一定想知道是谁写下这么了不起的作品。让我们走近《小王子》的作者——安托万·德·圣埃克苏佩里。

（1）出示作者名字并板书。（板书：安托万·德·圣埃克苏佩里）

（2）出示作者相片并介绍作者。

过渡：安托万在1944年7月底离奇失踪之后，人们对他的去向有很多猜测。其中最浪漫的是认为他并没有死去，而是和小王子一样离开了地球。毕竟安托万曾如此回忆他第一次驾驶飞机的心情："如果有足够的油，我就离开地球不回来啦。"

（3）介绍作者的影响力。

① 入祀法国巴黎先贤祠。

② 作为50法郎纸币上的人物头像。

③ 作者出生地的机场改名圣埃克苏佩里机场。

过渡：聊到这儿，我们会发现，通过关注作者的生平，不知不觉地加深了对《小王子》这本书的了解，于是我们又走近《小王子》一步了。（板书：关注作者）

我想大家此时此刻一定特别期待这部作品的精彩内容，现在就让我们走进《小王子》的内容简介。

（三）走进内容简介

（1）出示故事梗概内容的画面，逐一介绍。

（2）交流：通过刚才的介绍，你感兴趣的是什么内容呢？我们好好聊一聊。

（3）小结：关注故事简介，我们了解了这部作品的大意，从而也离《小王子》更近了。但真正精彩的内容需要你们走进书里去细细品味。（板书：关注简介）

过渡：刚才大家聊了自己感兴趣的内容，而我感兴趣的是一个词——驯养。这个词在原著中非常重要，它也是我现在想和大家好好细聊的一个词。

（四）聚焦"驯养"，解读文本

1. 初解"驯养"

（1）"驯养"的本意是什么？（指人对动物驯养的过程）

（2）在原著中指的是什么呢？（出示原著中一段小王子和狐狸的对话）

（3）师生同读。

2. 二解"驯养"

（1）读完对话，谈感受。（出示狐狸所说的话想一想）

（2）师小结。

（3）结合生活理解"驯养"。

这里的"狐狸"可以指代我们身边的谁呢？那你们和他们之间是不是也这样互相"驯养"呢？结合刚才我们对"驯养"的理解说一说。

3. 三解"驯养"

（1）指名学生读小王子在自己星球第一次见到玫瑰花的片段，谈感受。

（2）指名学生读小王子在地球第一次见到玫瑰花园的片段，谈感受。

（3）后来，一只狐狸使小王子明白了"驯养"的真正含义。于是，他第二次来到玫瑰花园。（出示片段）师生同读。

（4）结合小王子两次见玫瑰花的感受，再次理解"驯养"。

（5）小王子有着属于他的独一无二的玫瑰，你们是否拥有属于自己的玫瑰？是否依然在"驯养"着自己的玫瑰？

（6）交流。

（7）小结阅读方法。

对于经典篇章要学会联系生活，反复阅读。（板书：联系生活，反复阅读）

（五）总结

一节课不足以读懂一本书。但在这短短的一节课里，《小王子》正在影响着我们。《小王子》中还有好多精彩的内容和值得品味的语言，留给大家课后慢慢去阅读。只要付出时间，付出精力，保有爱心、责任心，相信这本永恒的童话、不朽的经典一定会被我们成功"驯养"的。

【板书设计】

《小王子》

安托万·德·圣埃克苏佩里

关注版本

关注作者

关注简介

联系生活，反复阅读

【教学反思】

《小王子》这本书有着丰富深刻的意蕴，一节课不足以读懂一本书全部的奥秘。所以，我根据四年级学生的阅读水平，确定了"关注版本及作者""关注简介""聚焦'驯养'"三个导读目标。从课堂教学情况来看，这三个导读目标得到了较好的落实。那么，如何进行课外阅读指导呢？我借助这节《小王子》导读课，谈自己的两点看法。

1. 教师要帮学生解决读什么及从什么角度读的困惑

苏霍姆林斯基说："带着孩子走进书时，真正的教育才开始。"课外阅读可以促进学生智力、道德和审美的发展，能塑造人的精神世界。那么，在林林总总的书籍中如何挑选适合不同年龄段的孩子阅读的内容呢？民国时期的文学家梁实秋谈书时也说，一个人要看所读的是些什么书，如果读的尽是一些猥亵的东西，其人如何能有书卷气之可言？可见，学生读什么书，对学生以后的发展有着举足轻重的作用。这就需要教师下一番功夫。当然，《小王子》这部作品可以品读的内容是很多的，但站在不同年龄段的学生面前，教师要有侧重点，不能面面俱到。所以，在设计导读思路时，我针对中年段学生的阅读认知水平，采用图文结合的导读方式帮助他们扫清阅读障碍，激发阅读兴趣。同时要注意，对于经典作品不能泛泛而谈，不能让人感觉空、繁、浅，要注意根据书的特点以及学生的认知水平进行有重点的交流。本来我在"驯养""礼物""离别"三个主题的选择上有所犹豫，但是，考虑到我面对的是四年级的学生，他们感兴趣的应该是更直接的内容，而"驯养"中有多处小王子和狐狸的对话，通过师生共读，引导学生联系生活实际谈感受，可以更好地达到导读课激趣促情的目的。从课堂教学情况看，这一环节的教学确实取得了一定的效果。我想，不管学生读没读过这本书，这节导读课一定在他们的心里激起想要好好读《小王子》这本书的火花，那我的教学目的就达到了。

2. 教师要教给学生一些阅读的方法

没有得力方法的传授，课外阅读课想得再好也是镜花水月。教给学生阅读的方法，让学生体会文字背后隐藏的内容，这样就会让学生读有所得。在《小王子》导读课上，我要求学生关注版本、关注作者、关注简介，针对感兴趣的内容，联系生活、反复阅读等读书方法。"一石激起千层浪"，在潜移默化中，学生也会借用此类读书方法进行阅读。正所谓：授之以鱼不如授之以渔，这也是教育之意义所在。

当然，课堂教学从来都是有遗憾的。在这节导读课中，我未能设计更多的悬念激起学生更大的阅读兴趣；另外，在师生互动环节，不敢放手让学生畅所欲言。在今后的课堂教学中，我还需要有更敏锐的洞察力和亲和力。

"整本书阅读"研讨活动发言

老师们：

大家好！下面我结合今天王老师、吴老师两节整本书阅读指导课，谈谈我对整本书阅读指导的粗浅看法。

随着高考的改革，新教材的推行，对整本书阅读的重视可以说是提到了前所未有的高度。在应试教育的年代，大家关注的是分数，衡量语文能力、阅读素养的标准也是分数，所以教师们为了取得高分采取的应对办法就是让学生大量刷题，阅读就有阅读的专项训练，作文也只需要背诵一些开头结尾、典型事例，所以作文就出现了千篇一律、千人一面的现象，严重抑制了学生的创新思维。而真正能让学生语文素养得到滋养，能影响人的综合素质形成的整本书阅读却被抛在一边，有的家长、教师甚至禁止学生读整本的书，说是读闲书，浪费时间。加上信息化时代的到来，学生多数抵挡不住电子产品的诱惑，少有学生能静下心来读整本的书。别说孩子，大人也是如此，甚至我们教师也总是挤不出时间阅读。2018年调查的全国纸质书人均阅读量是4.67本，其实这是平均数，如果在我们这些阅读氛围淡薄的乡镇，恐怕好多人一年都难得读上一本书。我曾经在一次会议上调查教师的阅读情况，结果20多人仅仅有3个人过去一年读过一本书，其他人连一本书都没有读。大家都没有阅读的习惯。没有养成阅读习惯，可能要追究到小学时候的教师，他们没有让大家读书。因为，习惯养成的黄金时期就在小学阶段。所以，我们小学语文教师确实是任重而道远哪！那么，如何进行整本书阅读的指导呢？今天的两节课从"导读"方面给了大家一点示例。

一、明确核心目标——激发阅读兴趣

整本书阅读是相对单篇阅读来说的，它承载的教与学的任务和单篇课文不同，它是单篇教学的延伸。新教材"精读""略读""课外阅读"三位一体的编写体例，每种课型各有任务，精读课主要是给例子，给方法，举一反三，激发学生读书兴趣；略读课主要是让学生自己读，把精读课学到的方法运用到略读课中，自己实践、体会；而课外阅读则是让课内学到的各种方法得到综合训练。我们在新教材的"快乐读书吧"编排的内容中可以感悟到，课外阅读，也就是整本书阅读的指导第一要务是激发学生的阅读兴趣。一年级上册用四幅情境图表现"读书真快乐"，一年级下册开始编排简单有趣的"儿歌、童谣"；二年级上册是"读读童话故事"，下册是"读读儿童故事"，每一次的导语都特别有趣。因此，整本书导读的第一目标就是激发学生阅读兴趣，唤起学生阅读期待。两节课的教学在激发学生阅读兴趣方面都特别成功。

二、明确中心任务——指导读书方法

课外阅读的核心目标是激发学生的阅读兴趣，从而使学生养成离开教师也能自觉阅读，以至终身阅读的好习惯。整本书阅读指导的另一任务则是阅读方法的指导。在"快乐读书吧"中，每一个主题都明确提出一个学生需要习得的读书方法，就像单元语文要素一样，要尽量做到"一文一得""一课一得""一书一得"。例如，二年级上册的"快乐读书吧"提出"初步学会读目录"的方法。教师必须在课堂上精心引导，让学生当堂学会。例如，《小王子》导读，由于世界各国译本繁多，就我们中国也有五六十种之多，在一些经典外国作品中都会有这种情况，因此王老师设计了"关注版本"的环节，让学生了解如何选择高质量的书。吴老师的教学则是根据绘本的特点，图文结合，采取教师讲述、学生朗读的方式，引导学生读懂故事，并结合绘本的内容及表达形式，设计拓展训练，让学生既读懂故事，又得到语文能力的训练。

整本书阅读的真正开展，除了精心设计读前指导外，还必须有读中推进课、读后交流分享课。除了要选好读物（这方面基本可以以教材推荐书目为主），还要有时间保证。像我们学校，很早就有每周一节的课外阅读课，有时是上阅读指导，有时则是由教师带学生到阅览室看书。还必须有激励策略，如开展各种阅读活动，包括评选"阅读之星"等。温儒敏教授说："若要学生喜欢上整本书阅读，就不能太多干预，应当导向自由阅读、个性阅读。"如果要求太多，学生还没有读，可能就兴趣减半了。所以，导读课也好，分享课也好，一个共同的目标就是激发学生的阅读兴趣。

最后，更想说的一句是，阅读，请从教师开始吧！要给学生以指导，教师自己必须先读，除了要读童书外，还要读像《如何阅读一本书》《书语者》等专业书籍，提高我们自身的整本书阅读教学能力，这样才能将学生的阅读引向更广阔的天地。

吴佩新

2019年12月9日

跨市联动　携手共研

——广东省吴佩新名教师工作室联合广东省郑冬梅名教师工作室开展"整本书阅读"研讨活动

普宁市流沙第二小学　罗　慈

窗外寒风袭面，室内暖意融融。2019年12月9日上午9时，在美丽端庄的主持人林玉端老师热情洋溢的开场白中，揭阳市"整本书阅读"专题教学研讨活动拉开了帷幕。是啊，寒冬也阻挡不了我们的热情，阻挡不了我们为追求梦想一往无前的坚定步伐。在这个特别的日子里，我们相聚在普宁市红领巾实验学校演艺厅，共享一场小语盛宴。

本次活动由广东省吴佩新名教师工作室和广东省郑冬梅名教师工作室联合主办，普宁市红领巾实验学校和普宁市流沙第二小学承办。出席本次活动的有揭阳市教育局教研室陈少宏老师，普宁市教育局教研室柳文龙主任，揭阳市各县区小语教研员、普宁市流沙第二小学罗勤斌校长，普宁市红领巾实验学校刘俊波校长，以及全揭阳市400多名小学语文骨干教师。

首先，揭阳市教育局教研室陈少宏老师为本次活动致辞。接着，广东省名教师工作室主持人吴佩新和普宁市红领巾实验学校校长刘俊波分别发表讲话。

简短的开幕式结束后，首先是广东省吴佩新名教师工作室助手、普宁市流沙第二小学语文教研组长王文敏老师为大家带来《小王子》导读课。《小王子》是20世纪流传较广的图书，至今全球发行量已达5亿册，阅读率仅次于《圣经》。其中，光是日语就超过60种译本。就中国而言，也有50多种不同的版本。电影、唱片、纸币上都可以看到这本书的影子，日本还为此建立了博物馆。因此，王老师从介绍《小王子》的知名度及作者的地位开始，点燃了学生对《小王子》的阅读期待；进而选取"狐狸要求小王子驯养它"这个学生比较感兴趣的情节，师生展开了一场互相"驯养"的话题讨论。就这样，在王老师的带领下，学生走进了小王子的世界，走进了书的世界，对"驯养"的内涵从初步感知到逐渐了解再到深入体会，对"爱与责任"的主题有了自己的领悟，同时也感受到阅读带来的快乐，品尝到阅读的甘露。我们猜想，下课以后，必定会有许多孩子去关注《小王子》，去阅读这本书。这便是导读课的意义所在。

接着，广东省名教师工作室主持人郑冬梅老师带来题为"基于语文学科特点的宽语文教育"的精彩讲座。郑老师是深圳市福田区新洲小学语文教师、特级教师、国家级骨干教师、省学科带头人、省名工作室主持人、国家二级心理咨询师、家庭教育指导师、全国教育科学"十一五"规划主持人、"宽语文教育"和"童心作文"的创始人，出版多部论著，发表或获奖的论文有100多篇。

一上场，郑老师情不自禁对《小王子》的执教者——有着深厚文化底蕴的王文敏老师给予了高度评价，同时也提出了一些宝贵的意见。接着郑老师从崔峦会长的致辞谈起，引出了"宽语文教育"，并结合自己的著作《课堂不是一个盒子》以及自己丰富的教学实践经验，从"语文学科特点、语文能力、语文核心素养""宽语文的主要特征、宽阅读的方法、宽阅读的形式、课堂宽阅读教学课型"等方面做了详细阐述，案例鲜活，具体生动，丝丝入扣，不时赢得阵阵热烈的掌声。翁泽星老师感慨道："听君一席话胜读十年书。有视野、有高度、有情怀、有宽度的语文才能使学生在课堂上得到必要的养分。"

下午2点整，研讨活动继续进行。广东省郑冬梅名教师工作室吴俪蓉老师为大家带来了绘本《我不知道我是谁》观摩课。吴老师是深圳阅读推广人、龙岗区石芽岭学校小学语文高级教师。

《我不知道我是谁》这本书非常简单，没有繁杂的文字堆积，没有绚烂的颜色填充，只有简短却众多的疑问以及简洁却形象的图画牵引着读者去阅读。吴老师经验丰富，教学语言幽默风趣，对课堂的驾驭游刃有余，给听课教师留下了较为深刻的印象。课堂伊始，学生就被她深深吸引了。她用一个小测试，问学生是否知道大白和胡巴这两个大家特别熟悉的影片角色，进而引出自己的名字，使自己与大白和胡巴齐名，学生的兴趣马上被调动，自然而然地与老师一起进入学习。接着吴老师根据绘本的特点，图文结合，采取教师讲述、学生朗读的方式，引导学生读懂故事，并结合绘本的内容及表达形式，设计拓展训练，让学生既读懂故事，又得到语文能力的训练。整节课，学生在不经意间收获而意犹未尽。

现场观课完毕，广东省名教师工作室主持人吴佩新校长进行了专题评课。吴校长是普宁市流沙第二小学副校长，小学语文高级教师，广东省特级教师，韩山师范学院、韶关学院省级教师发展中心兼职教授，揭阳学院师范教育系初等教育专业校外兼职教师。

吴校长结合王文敏老师和吴俪蓉老师这两节阅读指导课，分享了她对整本书阅读教学的观点，也为整本书阅读的开展提出了宝贵的建议，与会教师深受启发和触动。吴校长指出：整本书阅读指导的核心目标是激发学生的阅读兴趣，从而使学生养成离开教师也能自觉阅读，以至终身阅读的好习惯。其另一任务则是读书方法的指导，要尽量做到"一书一得"。她还说：整本书阅读的真正开展，除了精心设计读前指导外，还必须有读中推进课、读后交流分享课。最后，吴校长提出殷切期望：阅读，请从教师开始！因为要给学生以指导，教师自己必须先读，除了要读童书，还要读一些专业书籍，这样才能提高自身的整本书阅读教学能力，才能将学生的阅读引向更广阔的天地。

活动的最后一个环节是"专家互动，质疑问难"。老师们更是珍惜这次难得的机会，纷纷踊跃发言，说出自己独到的见解，道出自己专业发展中的困惑，希望名师能为自己指点迷津。吴佩新校长和郑冬梅老师对大家提出的问题一一进行解答与交流。老师们可谓受益匪浅。

教研是一场诗意地修行，是用生命影响生命，用生命温暖生命的过程。我们坚信，有名师的传道，有专家的引领，有各位教学精英的不懈努力，今天我们播下阅读的种子，明天我们将收获满园书香！

4

第四篇

课题研究，
促进专业发展

2018—2020年广东省中小学名教师、
名校（园）长工作室课题研究方案

课题名称：小学生阅读素养培养策略研究

项目负责人：吴佩新

所在单位：普宁市流沙第二小学

申报日期：2018年11月

一、基本信息

课题名称	小学生阅读素养培养策略研究			
负责人	吴佩新			
主要成员	王文敏　林玉端　罗　慈　林小红　林彩霞　李雪吟　朱素丽 杨旭珊　翁泽星　谢培苗　杨嘉纯　余丽旋　林妙纯			
负责人和课题组主要成员近5年来取得的与本课题有关的研究成果				
成果名称	著作者	成果形式	发表、出版、获奖情况	时间
《让阅读成为一种习惯》	吴佩新	论文	《揭阳教育》	2014年7月
《中华传统文化精选读本》	吴佩新等	教辅读物	广东人民出版社	2007年10月
《小学语文阅读与运用》	吴佩新 罗慈等	教辅读物	花城出版社	2015年4月
《提高阅读教学实效性之浅见》	吴佩新	科研成果	发表于《广东省小学语文教学改革30年》语文出版社	2010年12月
《高年级识字教学的策略》	王文敏	论文	揭阳市语文学科课题研究成果二等奖	2017年12月

成果名称	著作者	成果形式	发表、出版、获奖情况	时间
匆匆	王文敏	教学设计	广东省优秀教学设计二等奖	2017年8月
名著赏析会	罗慈	录像课	广东省录像课评比三等奖	2014年8月
《课虽尽味犹存》	罗慈	论文	广东省优秀论文评比三等奖	2015年8月
《让课堂散发浓浓语文味》	罗慈	论文	广东省优秀论文评比二等奖	2017年8月
《重视识字教学提高课堂实效》	罗慈	论文	揭阳市语文学科课题研究成果三等奖	2017年12月
《重视朗读训练提升学生语文素养》	林玉端	论文	课程教育研究	2017年8月
《小议小学语文课堂教学中的提问艺术》	林玉端	论文	名师在线	2018年8月

二、课题论证

1.课题研究的背景

阅读是人类获取知识和信息的重要途径，是最基本的学习方式，因此阅读素养便成为养成终身学习能力的必要条件。古人就有"读万卷书，行万里路""读书破万卷，下笔如有神"等说法。苏霍姆林斯基也说："让学生变聪明，不是补课，不是增加作业量，而是阅读，阅读，再阅读。"当今世界也越来越重视"阅读社会"的营造：联合国教科文组织在1972年向全世界发出"走向阅读社会"的召唤，并于1995年宣布每年4月23日为"世界读书日"。国际阅读素养进展研究项目（PIRLS）、国际学生评价项目（PISA）中的阅读素养评价项目的研究，都反映了国外对阅读的重视。在我国，倡导阅读已经成为国家行为，全民阅读被写进了政府工作报告。李克强总理提出："我希望全民阅读能够形成一种氛围，无处不在……把阅读作为一种生活方式，把它与工作方式相结合，不仅会增加发展的创新力量，而且会增强社会的道德力量。"《义务教育语文课程标准（2011年版）》明确规定：课外阅读总量要求五年制不少于100万字，六年制不少于150万字。而随着中高考的改革，阅读的重要性更是越来越凸显。部编版语文教材总主编温儒敏在公开演讲中说："在未来，阅读能力直接影响分数，如果阅读能力不过关，连卷子都做不完，考试更是会吃大亏！"小学阶段是一个人阅读素养形成的关键时期，因此，如果我们在学生上小学开始就重视培养他们的阅读兴趣和习惯，使他们逐步形成阅读素养，将为他们后续学习打下坚实基础，促进他们健康、和谐、全面地发展。流沙第二小学历来重视培养学生良好的阅读习惯，10多年来坚持不懈：每周开设一节阅读课，每学期为学生推荐2本以上的课外书，要求学生背诵15首课外古诗及15句名言警句，学生或多或少有所收获。但是，由于应试教育的观念根深蒂固，个别教师、家长仍认为只需读好教材内容，不必读太多"闲书"，读书多不见得就能提高成绩。他们更愿意让学生多做题，提高考试分数才是硬道理。因此，读书指导课流于形式，学生的读书兴趣不高，难以养成阅读习惯。因此，研究培养小学生阅读素养的有效策略便成为摆在语文教师面前亟待解决的问题

2. 课题核心概念的界定

综合国内外对阅读素养内涵的界定，依据小学阶段学生的认知特点，我们认为小学生阅读素养就是指通过掌握阅读知识，在阅读过程中锻炼自己的阅读能力，并体现出对于阅读的态度，最终内化为一种素养。阅读知识包括学生对基础拼音、字词的掌握，对标点符号、读物类型的掌握；阅读能力包括朗读和默读的能力，理解、写作与交流的能力；阅读态度包括阅读认知、阅读兴趣、阅读情感、阅读意志及阅读习惯。通过阅读，个体不断获取阅读知识、习得阅读技能、享受阅读乐趣，并运用阅读信息解决现实问题，为未来的学习、生活和发展奠定基础。我们粤东地区文化底蕴、文化氛围较发达地区相对淡薄，小学生阅读能力普遍不容乐观，阅读习惯未能形成。本课题研究的目的就在于研究培养小学生阅读素养形成的策略，通过已有经验，借鉴先进地区的做法，探索激发小学生广泛的阅读兴趣，使其掌握阅读方法，培养阅读习惯，形成阅读能力，为学生的学习能力、实践能力、创造力和未来发展奠定基础

3. 国内外关于同类课题研究现状

国内外都很重视儿童阅读教育的研究。从1972年起，美国国家教育发展评估会就一直追踪四年级、八年级与十二年级学生的阅读成绩。结果发现，养成了阅读习惯的学生以及最能享受阅读快乐的学生，综合素质最高。早在1995年4月，意大利教育部部长就宣布了"促进学生阅读计划"；英国提出"要利用班级图书馆和公共图书馆中的读物"，使儿童阅读内容的选择视其兴趣享有相当的自由；法国的假日中心制订课外阅读计划。在国内，"语文主题学习"实验是全国教育科学课题"十一五"规划课题，该实验遵循语文学习的基本规律"反三归一，质从量出"，因此，它更加强调通过"课内阅读、课内学习"来学好语文，在指导阅读方法、提高阅读速度上有其独到之处。"十五"期间，江苏省扬州市教育局"亲近母语"儿童阅读研究中心确立了"'亲近母语'阅读课程构建的理论和实践的研究"课题，并在全国教育科学"十五"规划课题评审中得以立项。该课题以倡导儿童阅读、推进素质教育、创建书香社会为宗旨。该课题在儿童阅读教育理论、小学阅读课程的构建方面都处于领先地位。清华大学附属小学特级教师窦桂梅的《语文教学要关注人的发展》在推荐阅读书目、拓宽阅读范围、语言文字积累、民族文化熏陶等方面值得我们借鉴与学习

4. 课题的研究意义及价值

本课题着重从本地区实际出发，探索适合本地区小学生阅读素养的培养策略，探索多样的读书活动形式，激发学生的阅读兴趣，掌握一定的阅读方法，培养学生良好的阅读习惯，使阅读成为学生精神生活的一部分，成为孩子成长的动力，为促进学生的终身学习奠定基础。

（1）通过实验，引起本地区学校及教师对小学生阅读兴趣及习惯培养的重视，推动本地区阅读氛围的形成。

（2）通过实验，探索培养小学生阅读素养的有效策略。通过开发课程，编写校本教材，研究课前、课中、课后激发学生阅读兴趣，使学生习得阅读方法、养成阅读习惯的具体方法，提高学生的阅读能力，锻炼学生的思维，发展学生的智力，陶冶学生的性情，为学生一生的发展奠基。

（3）通过实验，促进教师转变教学观念，建构省时、高效的阅读教学模式。积极主动地去开发，利用一切可以利用的课程资源，形成独具特色的培养策略

5. 前期相关研究成果

本课题负责人吴佩新是广东省特级教师，南粤优秀教师，首届潮汕星河辉勇师表奖获得者，长期致力于小学语文教学研究，积极组织开展阅读及经典诵读活动，取得良好效果。课题组主要成员先后完成了省级课题"小学生中华传统文化教育研究"子课题、市级课题"小学语文识字教学有效性研究"和"小学生良好行为习惯养成教育的研究"等的研究，取得了一定的成效，积累了一些实践经验，研究成果在省、市有关会议上交流。这些为学校进一步开展此项研究奠定了良好的基础

三、课题设计

1. 研究的目标

通过研究，探索激发学生的阅读兴趣，培养学生良好阅读习惯的方法及途径，促其形成初步阅读素养。在本地区掀起读书热潮，让阅读成为一种习惯，让书香溢满校园。

课题研究重点放在小学生良好的课内与课外相结合的阅读习惯的培养，从而形成良好阅读素养方面。通过三年的研究与实践，促进本地区学生养成爱读、乐读、会读的良好阅读习惯，成为有较强的自主学习能力的"知书达理"的文明人，为全民阅读播下优良种子

2. 研究的内容

阅读素养的养成绝非一朝一夕就能做到的，这是一个持之以恒的过程，也是一项需要长期积累、从细微处着手的工作。在确立课题后，结合已有经验，我们将采取多层次、多侧面的系统研究，尝试从四个方面入手。

（1）激发阅读兴趣。通过课前三分钟听故事，定期举行读书竞赛活动等，让学生从中体验到读书的乐趣，从而不断增强读书的内驱力，使之成为自觉行为。

（2）加强阅读指导。上好每一节课；对从读书方法到读物选择进行具体指导。由于小学生的思维方式是从具体形象思维向抽象思维发展，因此，各个年龄段选择好书就必须有侧重点：低年级学生喜欢阅读一些带图画的形象生动的绘本故事、寓言故事、成语故事；中年级学生喜欢读一些短小的科普类图书，如历史故事、科幻小说、人物传记；高年级学生则喜欢思辨性较强的文章，如名人成长录、名人名言等。以一篇带多篇，做好课内外阅读的有效结合。

（3）培养阅读习惯。引导学生制订合理的阅读计划，推荐优秀的课外读物，适当举办读书活动，让学生在分享阅读的快乐中培养阅读习惯。

（4）优化阅读环境和阅读活动。营造书香校园氛围，优化学校图书馆和班级图书角，最大限度地提高图书利用效率。根据小学生特点，开展丰富多彩的阅读活动，助推学生阅读素养的形成

3. 研究的方法及措施

（1）文献研究法：组织课题组成员通过自学、培训等形式学习相关理论，利用网络、文献资料广泛收集国内外相关研究成果，为本课题的研究奠定坚实的理论基础。

（2）问卷调查法：针对已有的阅读基础，在教师、学生、家长中开展有关阅读素养形成问题的专题调查。

（3）观察记录法：帮助学生设立读书记录册，根据学生的年龄特点，提出不同要求和阅读内容，对学生阅读情况进行跟踪观察。

（4）行为训练法：在调查的基础上，归纳学生阅读好习惯的守则，结合"一粗、二细、三精、四记、五动"目标，在全体学生中进行好习惯行为训练。

（5）榜样激励法：对爱阅读的学生进行物质奖励，开展阅读经验交流会，评选"阅读之星"，展示优秀的读书笔记，张贴优秀的读书卡，设计新颖的手抄报或书签等。

（6）课例研究法：开展课例研究（集体备课，设计教学方案，开展听课、说课、评课活动等）；开展案例研究（通过教育叙事的方式进行总结反思，提出新的构想等）。

（7）经验总结法：在开展课例案例研究的基础上，定期交流总结，撰写科研论文，总结经验，揭示教训。

在开展课题研究的实践中，全校师生思想统一，注重从学生的实际出发，制定以下措施：①以点带面，点面结合，营造浓郁的校园文化氛围，如设立文化广播站、举办朗读节等。②培养学生良好的阅读习惯，如由学生组织管理图书角，根据学生的爱好，成立各类阅读兴趣小组，培养良好的阅读技巧，保证每天有充足的阅读时间等。③开展各种形式的活动检查阅读效果，如组织朗读比赛、手抄报比赛、知识问答活动等。④观看优秀的中外经典影片，从视觉的角度提高阅读的兴趣

4. 完成研究任务的可行性分析

（1）本课题的选题来自现实小学生阅读素养的问题，体现了当前改革的需要，对培养学生良好的阅读习惯大有益处，有利于培养学生的阅读能力，激发学生阅读的兴趣；具有现实针对性，理论依据充分、科学。

（2）本课题的研究理论假设合理，目标内容清晰，实施的可操作性较强，阶段实施过程与目标都很明确，完成课题的时间有保障。

（3）课题组成员的知识结构合理，有丰富的教育理论知识和教学经验，具有较强的科研能力，有能力完成本课题的研究工作。

（4）落实课题的组织管理，由工作室主持人组织成立了本课题组，负责对方案的实施，定期开展课题组活动，保证课题研究的顺利进行。

（5）加强理论学习和具体操作的培训。组织参与课题研究的教师学习有关文献资料，及时修正研究计划，落实任务，及时交流并撰写课题研究的经验总结、教改论文等。

（6）经费有保障。为支持教师搞好科研，规定科研经费由工作室承担。

（7）聘请市科研领导及有关院校专家学者指导本课题的研究工作，进行科学论证、理论指导和运用指导；同时，选派课题组成员参观访问、培训学习，推动课题研究的进程

5. 课题主要特色及创新之处

（1）选题具有挑战性。本选题基于传统教育与教育改革的更替阶段，具有承上启下的作用。

（2）大胆打破传统的教学模式。课题研究中，必须以全新的教育教学理念为指导，采用生动活泼的多媒体教学与丰富多彩的第二课堂相结合的形式进行教学实践。

（3）课堂教学完成课内、课外阅读任务。这恰恰也是本课题的研究可能存在的创新之处。教师创造性地利用课堂时间进行课前讲故事、课后阅读拓展，海量完成阅读内容。在学生大脑中形成阅读风暴，从而提高阅读能力，形成阅读素养

6. 课题预期的研究进展

（1）准备阶段（2018年10月—2018年12月）。课题论证，收集有关资料，召开课题组成员座谈会，确定人员分工，准备开题报告。

（2）实验阶段（2019年1月—2020年5月）。

①课题实验，组织相关培训、学习、交流研讨活动。

②进行阶段性小结，以公开课为载体，以小组讨论、座谈等形式，交流探讨各自在课题研究过程中存在的问题，汇报小结各小组的研究成果。

③通过案例分析、专题论文等形式分析学习成果，推进下一阶段的课题研究工作，撰写中期研究报告。

④通过调查问卷、课例分析等形式，检验课题研究阶段性成果，反思总结课题研究的得失，进一步明确和调整后期课题研究方向。

（3）总结阶段（2020年6月—2020年8月）。汇总资料，全面总结。撰写研究报告，申请结题鉴定

7. 预期研究成果

（1）请有关科研单位对课题进行评估。

（2）教师探索教学模式的论文、实验总结、优秀教案、课堂实录、推荐书目、课堂教学研讨会等。

（3）总结研究情况，撰写课题研究报告、科研论文。

（4）图片、音像资料等

四、研究进度安排

研究进度安排	第一阶段（2018年10月—2018年12月）为基础研究阶段 （1）理论准备。广泛收集有关读书理论方法、学习心理等方面的资料，并进行相关理论知识的学习培训，方法指导。明确课题组成员分工，开展研究探讨，商讨阅读策略，做好理论的积累。 （2）开展广泛的调查。通过问卷调查、资料整理、座谈会等手段，掌握全校一至六年级学生的读书现状及心理状态，由此筛选整理出一些小学生常用的具体阅读方法和喜爱的书籍，提炼归纳出可操作的阅读基本策略，筛选、整理出适合不同年龄段学生阅读的课外书籍，并以此作为阅读教学的基本内容。

	（3）组织开展课外读书活动并指导，根据学生的建议及普遍兴趣点精选内容编写校本教材。引起和培养学生的读书兴趣，激发学生的好奇心和探索欲，培养学生的观察力和想象力，让学生初步培养良好的阅读习惯。 （4）建立读书指导委员会，组织健全读书机构设置
研究进度安排	第二阶段（2019年1月—2020年5月）为课题实施阶段 （1）整理、总结出适合不同年龄段（低、中、高）小学生阅读的有效途径和方式方法。 （2）以课例研究法展开研究，重点探索和研究开展课外读书指导、探讨有效的基本模式和课型： ①指导读书方法开设读书指导课。 ②开拓读书空间开设读物推荐课。 ③提高读书品位开设阅读欣赏课。 ④享受读书乐趣开设读书汇报课。 （3）召开课题研讨阶段展示会、交流会，进行阶段总结，推动课题深入有效地开展，并通过多种形式的展示让学生充分感受到读书的乐趣。 （4）通过读书活动的开展，加强对图书的理解，能将图书内容与自己的生活经验相结合，拓展知识面，培养多方面能力
	第三阶段（2020年6月—2020年8月）为经验总结阶段 （1）使不同年龄段的学生基本掌握适用的阅读策略，培养良好的阅读素养。 （2）在上一阶段学习的基础上，教师引导学生进行更为广泛、自主的阅读。 （3）每学期对班级中学生的读书情况进行评比、统计，并做好原始记录。 （4）汇报总结提炼经验，撰写论文，并进一步推广读书活动

利用课前三分钟听书 激发学生阅读兴趣

普宁市流沙第二小学 巫柳璇

《义务教育语文课程标准（2011年版）》在"阅读教学的建议"中指出："阅读教学要培养学生广泛的阅读兴趣，扩大阅读面，增加阅读量，提倡多读书，读好书，好读书，鼓励学生自主选择阅读材料。"而新课程标准明确要求小学生的课外阅读总量应在145万字以上。这样一项艰巨的任务，光靠指令性的行动是很难完成的。只有调动学生的阅读热情，激发其阅读兴趣，才能化被动的任务性阅读为学生自主的阅读行为，达到事半功倍的效果。如何激发学生的阅读兴趣呢？实践证明，利用听书的方式，相对于用眼看书，更能有效地激发学生的阅读兴趣。

心理学研究发现，儿童对外在事物的认识是感性的。如果阅读能伴随着具体形象、独特的情感或丰富的音频信号刺激，就能有效激发他们的阅读兴趣……美国心理学家梅拉列斯在研究中发现，儿童接收信息的总效果=7%的文字+38%的语调+55%的面部表情。可见，听书带给学生的信息远远大于纯粹的读书。追溯儿童的成长过程，听书是儿童最早的阅读方式，几乎每个儿童都曾在妈妈的睡前故事中入梦，儿童是听书的最大受益者。那么，现在在小学语文教学中如何让学生在听书中继续受益，并激发其阅读兴趣呢？我认为巧用课前三分钟来听书，能激发学生的阅读兴趣，达到培养学生阅读素养的目的。下面我就浅谈在语文教学中该如何实施这课前三分钟听书。

一、听书途径

当下，各种音像听书资料十分丰富，听书途径也很多，教师应针对学生的年龄特点和实际，选择与课程相关，与教材衔接，能拓宽学生视野的书籍视听。

1. 借助听书软件播放音频

几乎所有的孩子都酷爱听故事，用耳朵倾听故事给孩子的是最畅快的阅读享受，它没有家长逼迫的痛苦，也没有生字的羁绊，纯粹处于一种放松的愉悦状态，所以最吸引他们。教师可以事先下载一些听书软件，如蜻蜓FM、喜马拉雅等，每天利用课前三分钟让学生持续地听故事，像我们学校二年级的学生就持续地听完了蜻蜓FM的《小巴掌童话》《米小圈上学记》，而四年级的学生则听完了喜马拉雅的《窗边的小豆豆》和《爱的教育》。学生用倾听的方式开始了最初的心灵阅读，构筑了自己精神的芳草地。很多学生觉得课堂这三分钟听得不过瘾，回家就会主动请父母下载听书软件或购买同款书籍，继续往下听、往下阅读。

2. 教师绘声绘色地朗读

日本"图画书之父"松居直说："念书给孩子听，就好像和孩子手牵手到故事国去旅行，共同分享一段充满温暖语言的快乐时光。"课前三分钟由教师绘声绘色地给学生朗读，更像是在培植一棵花树，不知道哪一天，花就开了。而由于教师读的书都是经过精心挑选的，内容丰富，充满童趣，再加上教师抑扬顿挫、绘声绘色的朗读，每次都能使学生体会到读书的乐趣。他们会觉得一本好书会有这么大的魅力，读书是这么有趣的事，渐渐地，他们会觉得只听老师读是不过瘾的，自己得找本书读。

3. 由学生来当说书人

对于高年级学生而言，因为识字量积蓄比较多，所以很多阅读文本对于他们来说是小菜一碟，这个时候就可以让他们轮流来当说书人，给同学们说书。"说书人"依照书中情节，有高潮有低谷，时而婉转凄切，时而慷慨激昂，实在能引人入胜，趣味盎然。伴随"说书人"的话语，躁动的学生会静静地安坐在座位上侧耳倾听；性急的学生欲知故事后续，会迫不及待找来书进行阅读，逐步养成主动阅读的习惯。

二、听书素材

小学生还不具备挑选图书的能力，教师帮助学生挑选适宜的图书以防止学生读书的盲目性，保证读书的质量至关重要。所以，课前三分钟的听书素材要挑选最好的。最好的书是指在特定的成长阶段最适宜阅读的优秀读物。读书也是要讲究"营养"的，我们要把色香味俱佳的、能打动学生心灵的书引入学生的生活中来。一个人童年没有读到适宜的读物，以后生命里很多东西是不一样的。好书的意义其实就在这里。

1. 根据小学生的年龄特点来选择书籍

作为小学语文教师，对小学生的年龄特点应该有一个清晰而深刻的了解。不仅要了解他们在不同年龄之间存在的差异，还要看到同年龄组的学生之间存在的鲜明的个性差异。选择的听书素材应要让学生能够听得懂，同时又要考虑对学生的成长有所促进。低年级学生建议听一些儿歌、童谣和童话故事；中年级学生建议听神话故事、寓言和科普故事；高年级学生则可以听听科幻小说、探险故事和名著等。高年级学生在阅读倾向上已经有了非常明显的男女之分，男孩更喜欢贴近生活的、冒险的、充满机智的作品；女孩更喜欢幻想的、唯美的、情感丰富的作品，部分学生已经懂得欣赏富于文学性的长篇作品，这一阶段的学生最需要的是能带给他们强烈真实感的作品（即使是幻想作品也要能身临其境），他们更强烈地关注社会和身边的不同人群，也使更多有历史文化积淀和现实主义的作品进入他们感兴趣的范畴。

2. 根据有益有趣的原则来选择书籍

在文学领域，儿童文学应该是小学生的主要阅读对象。因为它们是专门为儿童创作的、适合儿童阅读的文学作品。它顺应了儿童特殊的文学接受规律和发展需要。我们首先会考虑中外优秀的传统文学，查阅国家教材委员会列举的孩子比较喜欢的书。之后还会结合当下书店比较畅销的书籍推荐，要求语文教师也要经常阅读儿童畅销书籍，择优推荐给学生听。

有针对性地听书，可以从主观上对学生加以引导，使得听书这件事能够为学生带来更好成长，而不是仅仅将其视作一种休闲活动或放松方式来随意、随机地选择书目。让听书真正成为课外阅读的有益补充，而不是可有可无、漫无目标的。

三、听书成效

持续地听书，为了使学生始终保持兴趣，达到效果，可以在听书过程中开展一些活动。

1. 轮流做"听读班长"

在课堂听书时，每次由一名学生在讲台上和大家一起听，结束后，该学生组织大家概括当天听的内容，整理出一篇故事梗概，课后记录在班级听读本上；同时，他还可以根据当天听的内容向大家提问，考考大家，看谁听得仔细、认真。教师为做得好的听读班长发放积分卡，整本书听读完进行统计，评出"金牌""银牌"和"铜牌"听读班长。

2. 小组评选"模仿秀"

听读一段时间后，把学生分成几个听读小组，让有兴趣的学生练习说书者的语音语调和言语情感处理方式，在小组内模仿着说一小段自己最喜欢的内容，小组选出最佳者，再到全班表演，凡参加的都可获得"最佳模仿秀"证书。为了模仿得更像，学生会反复听某一段，在反复倾听中再模仿，朗读水平也就有了很大提高。

3. 师生共评价，以欣赏鼓励为主

要落实好听，就得把评价纳入听的体系。儿童都有争强好胜、爱表现、喜赞扬的特点，我们按照每天听的要求（净桌、静声、聚神），每隔一段时间评选"优秀听众"。对于听书中组织开展的各项活动，也是依照活动要求师生共同评价。

在多管齐下的活动中，学生们走进了文本，了解了文本，弄清了故事情节和人物关系，凭借这种听书方式爱上了阅读，在听中获得积极的体验，从而对阅读产生兴趣，变被动为主动，提高了阅读的能力。

综上所述，课前三分钟听书是激发学生阅读兴趣的有效策略之一。小学阶段是阅读素养培养的黄金期，作为教师，我们有责任也有义务激发学生的阅读兴趣，培养他们良好的阅读习惯。让我们抓住这个黄金期，运用我们的智慧，务必让每个学生好读书，读好书，一生与好书为伴，让良好的阅读习惯成为学生前进路上不竭的动力。

浅谈如何培养学生的阅读兴趣

揭阳市榕城区红旗小学　林彩霞

"腹有诗书气自华"，读书不仅可以使我们开阔视野、增长知识、培养良好的自学能力，还可以提高我们的认知水平和作文能力，乃至对其他各科的学习都会有极大的帮助。而"兴趣是最好的老师"，王文丽老师说过："爱一旦发了芽，就算雨水都不下，也阻止不了它开花。"只要我们让学生爱上阅读，不用我们催，他就会主动去寻找书籍来阅读。那么，怎样才能激发学生阅读的兴趣呢？

一、创设书香氛围，让学生在书香中学习和生活

一个孩子，如果踏进玩具店，他会被玩具吸引，但是如果踏进书店，那么，他就会被书籍吸引。所以，学生的学习和生活环境中是否书香弥漫，这个真的很重要。我们红旗小学有图书馆，教室里有图书角，但是，我们觉得还不够，因为学生们取阅书籍还不够方便。我们学校创造性地把一条走廊打造成了最美"读书吧"。走廊布置得古色古香，书架形状充满童真童趣，书籍种类繁多，有适合低年级学生阅读的漫画书，也有适合高年级学生阅读的经典名著，取阅方便，旁边不仅安排了供学生阅读的座位，还在座位旁边悬挂可供学生们随时抒写读书心得或者意见建议的小本子，学生们上下学时经过这里，就会不知不觉地沉浸在这书香中，有的学生一开始只是因为好奇，随意翻看图书，可大多数学生就是这样被书籍吸引而一发不可收拾，常常是看得舍不得回家呢。有的学生取阅的是同一类型的图书，常常在课间讨论相关内容，而这讨论常常会吸引周边学生取阅图书"一探究竟"，读书的氛围

就这样弥漫开来，读书的氛围越来越浓厚，我们学校的学生正浸润在书香中茁壮成长。

同理，孩子们回到家中，如果房间里有很多他们感兴趣的书籍，那么，你觉得他待在房间里会干什么呢？所以，我们不仅要让学校"书香"弥漫，在家里也应该有书香。

二、给学生介绍好书，激发他们的阅读兴趣

有的学生置身于书海，可是却不知该如何选择。这时就需要教师、家长或同学帮忙了。作为教师，我们应该根据学生的年龄特点和知识水平、兴趣爱好帮学生选好读物，引导学生读好优秀的课外作品。一般情况下，低年级学生以具体形象思维为主，因此应选取图文并茂的课外读物；中、高年级学生已由具体形象思维逐步向抽象逻辑思维过渡，因此可以适当地选择一些逻辑性、说理性较强的读物给学生阅读；男生和女生由于性别的差异，喜欢的读物也可能会有所不同，教师可以适当地有所区别地推荐。

教师要多接触少儿报刊、图书等，这样，自己博览群书，才能根据学生的喜好推荐适合他们阅读的读物，学生能够读到自己喜爱的书，兴趣自然也就提高了。因此，我们可以紧扣统编版教材，认真上好"快乐读书吧"这个板块的内容，就让我们的童书导读课成为点燃学生阅读激情的火花吧！

此外，我们还可以经常开展"推荐一本好书"活动，让学生向同龄人推荐好书，交流自己读书的心得体会，举办读后感作文比赛，提高学生的阅读兴趣。

三、教给学生阅读方法，激发学生阅读的内部动力

要让学生对阅读产生兴趣并持之以恒地阅读，还得提高学生的内部动力，那就是靠语文本身的魅力去打动、吸引学生。而儿童阅读的经验和策略是读出来的。中华文化博大精深，要想让学生持之以恒地阅读，就要在有目的、有对象的阅读中逐步培养其阅读兴趣，这样，学生会在大量的阅读中，自然地感受到语言文字的形象美、意境美、思想美，感悟到中华文化的博大精深。为此，我们应该教给学生一些阅读的方法，帮助学生在阅读中感悟。例如，"预测"是大多数学生最喜欢的也最常用的方法，看了故事的开头，

预测故事的结尾，读得越多，预测就越准。又如，抓住描写人物外貌、语言、动作、神态、心理活动的词品味人物形象，读得越多，对人物特点的把握就越准确……经过教师的引导，学生更容易读懂，兴趣也就越高，自然就更容易养成阅读的习惯。当学生被语言本身的魅力打动，教师何愁学生不持之以恒地读书呢？

　　总之，我们要给学生创设良好的读书氛围，鼓励学生阅读好书，指导学生阅读方法，让学生以书为伴，畅游书海！

《森林报》整本书阅读教学设计

揭东区新亨镇硕榕中心小学　林小红

【教学目标】

（1）了解苏联著名的科普作家和儿童文学作家维·比安基《森林报》的主要内容。

（2）走进森林，领略神奇世界，感受自然魅力。

（3）结合《森林报》选文，体会作者的文笔及其观察力，感受他对大自然与生命的尊重和热爱之情，激发学生阅读名著的兴趣。

【教学重难点】

体会作者的文笔及其观察力，感受他对大自然与生命的尊重和热爱之情，激发学生阅读名著的兴趣。

【教学过程】

（一）谈话导入

（1）同学们，你们知道世界上有多少种动物吗？全世界已知的动物超过150万种，其中昆虫就有100万种以上，飞禽走兽50余万种。说说你见过哪些动物？

（2）还记得我们学过的课文《松鼠》吗？文中的松鼠给你留下怎样的印象？《松鼠》的作者就是苏联著名的科普作家和儿童文学家——（维·比安基），它选自——（《森林报》）。这节课就让我们走进维·比安基的《森林报》。

（二）了解维·比安基

（1）说说你对维·比安基的了解。

（2）老师这儿也有一些资料（出示）。

① 维·比安基（1894—1959）。只有熟悉大自然的人，才会热爱大自然。著名儿童科普作家和儿童文学家维·比安基正是抱着这种美好的愿望，为孩子们创作了《森林报》和《少年哥伦布》。

1894年，维·比安基出生在一个养着许多飞禽走兽的家庭里。他父亲是俄国著名的自然科学家。他从小喜欢到科学院动物博物馆去看标本，跟随父亲上山打猎，跟家人到郊外、乡村或海边去住。在那里，父亲教会他怎样根据飞行的模样识别鸟儿，根据脚印识别野兽……更重要的是教会他怎样观察、积累和记录大自然的全部印象。

比安基从事创作30多年，以其擅长描写动植物生活的艺术才能、轻快的笔触、引人入胜的故事情节进行创作。《森林报》是他的代表作。这部书自1927年出版后，连续再版，深受少年朋友的喜爱。1959年，比安基因脑出血逝世。

从这段资料中，你了解到了什么？

② 童年的比安基充满想象，在很小的时候，就开始自己打猎。他成年后，开始在乌拉尔和阿尔泰山区一带旅行，详细记下了沿途所看到、听到和遇到的一切。他常常回忆起童年时代在动物博物馆里玩时的心情。这边是两只小棕熊，扭在一起打着玩，它们的大哥哥蹲在一旁看着它们。熊妈妈躺在山坡上打瞌睡。那边是两只老虎，一只在岩石上，一只在岩石下，龇牙咧嘴，彼此好像马上要扑上去了……这边是一只老鹰，一动也不动地悬在半空中。那边是一只刚从巢里飞出来的野鸭妈妈，巢里还有蛋。它们全罩在大玻璃罩里，都是标本。可是，那时比安基可不相信它们是死的。他想，那一定是被一个魔术家给"定"住了。只要学会叫它们苏醒过来的隐语，一念，它们就会活过来。

当27岁的比安基想起这些时，他决心要当个作家，用艺术的语言，让那些奇妙、美丽而又珍贵的动物永远地活现在他的书里。于是比安基开始创作，写科学童话、科学故事、打猎故事……他的童话、故事和小说，在少年读者面前展开了一幅幅活生生的自然图景。

他在作品里教少年读者睁开眼睛，学会看周围的大自然，教少年读者观察、比较和思索，做一个好的追踪者和优秀的自然研究者。他教少年读者揭穿森林的秘密、猜破飞禽走兽生活中各种各样的谜。

看了这些内容介绍，你有没有什么想说的？

（三）走进《森林报》

（1）过渡：维·比安基善于在最平常的事物中发现别人看不见的新鲜事物。他一生大部分时间都消磨在森林里，随身带着猎枪、望远镜和笔记本，走遍了一座又一座森林。他在森林里观察到了哪些有趣的事情呢？就让我们一起随着维·比安基优美的语言走进春天的森林吧。

（2）交流《森林报》片段一。

可爱的小兔子，同学们都喜欢吗？知道它喜欢吃什么食物吗？都是谁来喂养它们呢？可是，你知道森林里刚出生不久的小兔子是靠谁来喂养的吗？请看——（出示指名读）

雪地里的吃奶娃娃

我知道了在田野里还有积雪的时候，兔妈妈就生下了小兔儿。生下来后，兔妈妈就自己跑开去了。小兔儿可不敢乱跑，因为它们怕被老鹰和狐狸发现哪。它们乖乖地躲在灌木丛和草墩底下。小朋友们一定和我一样担心，那谁给兔宝宝喂奶呢？别担心！原来，兔妈妈们有个规矩：它们认为所有的兔孩子，都是它们大家的孩子。不论兔妈妈在哪儿遇到一窝小兔子，它都给它们奶吃。它才不管这窝小兔儿是自己生的，还是别的兔妈妈生的呢！呵呵，有趣吧？兔孩子吃一顿，就可以饱上好几天。到了八九天，小兔儿就开始吃草了……

听了这段介绍，你有什么想说的吗？（学生自由汇报）

小结：多么"大公无私"的兔妈妈，小兔子们可真是"有奶便是娘"啊！

同学们，你们知道吗？比安基通过长期的观察，记录了上千种动物的生态特征和生活习性，并在书中对它们进行了细致入微的描写。只有熟悉大自然的人，才会热爱大自然。比安基正是抱着这种美好的愿望，为孩子们创作了《森林报》，在我们面前展开了一幅幅活生生的自然图景。

（3）交流《森林报》片段二。

比安基以有趣、简练、形象、优美的笔法，写出了森林中发生的种种隐秘的生机，他教给我们揭穿森林的秘密、猜破飞禽走兽生活中各种各样的谜。在"林中大战"中，作者这样写道：

白胡子百年老云杉的国家显得阴森森的。老云杉战士们笔笔直直地站在那儿，保持着阴郁的沉默。它们的树干，从基部到树梢都是光溜溜的；只偶尔有些弯弯曲曲的枯枝，翘在树干上。在离地高高的空中，巨树的毛蓬蓬的针叶树枝，手拉手似的互相缠绕，像一座大屋顶，遮住了它们整个国家……

为什么是"林中大战"？你认为"林中大战"会是什么样的？（自由发表自己的见解）大家猜测可能是林中的动物之间发生了战争，可是结果却出乎意料。

原来是云杉的种子随着球果的爆裂，像许多很小很小的滑翔机，随风在空中飘散，降落到砍伐后的空地上。云杉派出空军占领了空着的土地，而此时白杨树还没有开花哪。随着一场温暖的春雨，大地变松软了，收留了这批从天而降的"小滑翔机"。"森林通讯员"认为，新大陆一定会被云杉完全占领，其他林木种族错过了机会。

到5月的时候，野草大军也侵入这片新大陆，用自己的独门武器——草根把很多小云杉活活消灭掉。此时，白杨派出白色独脚小伞兵，准备发动奇袭。当生存下来的小云杉歼灭野草和白杨士兵后，白桦的种子却坐着"小滑翔机"从天而降，加入战团。第二年春天，白杨和桦树联合对敌，重创了云杉。后来，白杨和桦树被胜利冲昏头脑，开始互相攻伐，这才给了云杉一线生机。30年后，三足鼎立的局面形成了。百年后，白杨和桦树终于衰落了。云杉却凭着绵长的后劲灭掉异族，一统新大陆。

这两段话向我们揭开了什么秘密？作者对植物争夺生存空间的过程进行了细致描述，让我们仿佛亲临了一场战争。

你觉得比安基为什么能把云杉的生长过程写得这样充满趣味？是啊，作者用生动传神的语言以及拟人化的手法将云杉生长时奋力抵抗、永不放弃的精神描写得活灵活现。比安基以其擅长描写动植物生活的艺术才能、轻快的笔触、引人入胜的故事情节，将森林里动植物的生活表现得栩栩如生。

小结：现如今，我们对于大自然已经越来越陌生，这部《森林报》会让居住在钢筋水泥森林中的我们，重新感受到森林中的动植物在一年四季中五彩缤纷的生活，深入地探寻大自然的无穷奥秘，体验春的快乐、夏的蓬勃、秋的多彩、冬的忧伤……

（4）简介书中其他内容。

《森林报》这部书中还设有"打靶场"竞赛、"神眼"称号竞赛栏目。

考考你的眼力：猜猜飞的是什么鸟？（出示：鹅、雁、鹤、鹭鸶等图片）

你们有谁看见过严冬里，没有翅膀的小蚊虫从土里钻出来，光着脚丫在雪地上乱跑？你在什么报上能看到关于"林中大汉"麋鹿打群架的报道？你听说过秧鸡徒步走过整个欧洲的令人发笑的旅行吗？我相信大家一定迫不及待地想读读这本书了吧？

（5）自由阅读，交流感受。

选择自己喜欢的内容阅读，组内交流后，再全班交流读后的感受。

出示要求：你读了哪些内容？主要写了什么？有什么感受？

（四）走进书本，指导阅读方法

"读书得法，潜力巨大。"读书只了解内容还不够，还要精品细读，对书中的精华要细细地品味、咀嚼，进而能积累运用，这样才能把书中的精华内化为自己的知识。老师还建议大家制作一份手抄报，用多种形式记录自己喜欢的花鸟树木、飞禽走兽，这也是一个积累的好方法。

（五）课堂总结，激活兴趣

《森林报》是一部比故事书更有趣的科普读物，也是一部关于大自然四季变化的百科全书。比安基不仅告诉我们怎样根据飞行的模样识别鸟儿，根据脚印识别野兽，还告诉我们如何去观察大自然，如何去思考和研究大自然。

童年是决定去向的时期。同学们，愿你们带着热情去阅读这部书，相信总会有一种感动触动你们的心灵，总会有一个秘密激活你们探究的兴趣。愿你们从小爱大自然，长大以后，有一颗敏锐而热忱的心，爱生活、爱生命，爱属于你们的美丽世界。

学海无涯"乐"作舟

——浅谈如何激发学生的阅读兴趣

普宁市大坝镇大坝小学　朱素丽

俗话说："书中自有黄金屋，书中自有颜如玉。"古人很早就强调阅读的重要性。当今世界也越来越重视"阅读社会"的营造：联合国教科文组织在1972年向全世界发出"走向阅读社会"的召唤，并于1995年宣布每年4月23日为"世界读书日"。在我国，倡导阅读已经成为国家行为，全民阅读被写进了政府工作报告。

新课程改革对小学生的阅读提出了更高的要求，《义务教育语文课程标准（2011年版）》要求学生9年课外阅读总量达到400万字以上，阅读材料包括适合学生阅读的各类图书和报刊。苏霍姆林斯基在《给教师的建议》中也提到"怎样靠阅读扩充知识"。他认为："在学龄中期和学龄后期，阅读科普读物和科学著作，跟在学龄初期进行观察一样，起着同样重要的作用。"但由于应试教育的观念根深蒂固，特别是在农村，许多家长都认为：只有读好教材内容、多做题，才是提高成绩的捷径，因此，许多家长不愿意孩子们读课外书，觉得是浪费时间。而在家长的影响下，孩子们的读书兴趣也不高，所以难以养成阅读习惯。

小学阶段是开展课外阅读的启蒙时期，如何让学生爱上阅读，如何探索多样的读书活动形式，激发学生的阅读兴趣，使其养成阅读习惯，便成为摆在我们农村小学语文教师面前亟待解决的问题。

现在常常能听到"得语文者得天下""得阅读者得语文"的口号，从这也可以看出阅读的重要性。阅读本身就是学习，就是吸收，就是借鉴，读多了，自然就会写了。读写水平都高了，语文素养会低吗？都说"兴趣是最好的老师"，那么，如何激发学生的阅读兴趣，培养他们的阅读习惯呢？

农村小学学生阅读兴趣的培养，绝非一朝一夕就能做到的，这是一个持之以恒的过程，也是一个需要长期积累、从细微处着手的工作。我结合已有经验，尝试从三个方面入手。

一、激发阅读兴趣

为培养学生的口语表达能力，提高学生的阅读水平，我会让学生"课前三分钟展能"，让学生分享自己看的课外书，包括有趣的、感人的、振奋人心的……记得刚刚开始"课前三分钟展能"活动的时候，我们班的学生可害羞了，都不敢举手，就连被我点名上台朗读的班长，也是声音细若蚊蚋，站在他旁边的我都难以听清。于是我就鼓励他，找到闪光点表扬他，他可高兴了，下次再让他上来分享文章时，声音可大了，看起来自信满满。其他学生见我不但没有批评，反而多是鼓励，渐渐地，举手的越来越多，声音也越来越大，而且找到的文章更是从简单的成语故事到优秀作文再到《爱的教育》《西游记》《上下五千年》等名著。有的学生学习着用简洁的语句来介绍名著的主要内容，有的学生从名著中选择描写精彩的段或篇来朗读，课后，其他感兴趣的学生则会向分享的同学借书看，有看过的学生甚至会与分享的同学争论起字词的正确读音来……

这样，"课前三分钟展能"活动不仅培养了学生的口语表达能力，培养了他们的胆量，也让学生从中体验到读书的乐趣，从而不断增强读书的内驱力，使之成为自觉行为。

二、培养阅读习惯

苏霍姆林斯基在《给教师的建议》中提到"怎样靠阅读扩充知识"。他说："科学以前所未有的速度发展着，而我们又不可能不断把日新月异的新的概念和规律补充到中学教学大纲里去，因此，在现代的学校里，阅读科学书刊就成为教学过程的重要组成部分之一。"

所以，我在上课时，也常常会不由自主地给学生谈自己读书的乐趣，向学生推荐一些适合他们阅读的书籍，有时还在班里读上几篇美文或者精彩段落，这样，渐渐地，学生也对阅读产生了兴趣，也主动带书来读。有时，为吊学生的胃口，我还故意卖关子。例如，为了让学生读一读《奇妙的仿生学》，我选了一段"乌贼与烟幕弹"在班里读，学生正听得入迷，我却不读了，告诉他们："书我有，可以来向我借读。"结果，学生争着借争着看，看完之后还找我交流讨论。有些学生还买了一本，用他们的话来说就是："借着看不过瘾，自己买一本慢慢看，慢慢研究……"

有时我还会留出一整节课的时间带学生去图书室看书，让他们看自己喜欢的书，不管是名著还是漫画，只要喜欢都可以。我会在同一个星期内再找一节课，给他们交流的机会。记得一次，我们班的体育委员在看流川枫的漫画书，本来我也是不怎么高兴的，可是却意外听到他对同学说："你们瞧流川枫灌篮的这几幅图，你们有没有发现，作者画的这几幅图有流川枫的心理描写和神态描写，还有观众的神态描写、心理描写和语言描写，明明是几秒钟的事情，却被他画了这么多出来，要是我写作文像他画漫画这样，会不会很精彩呀……"看着他们侃侃而谈、神采飞扬，我觉得自己没做错。一个星期花两节课给学生看书讨论，看起来像是浪费，但我却觉得很值得。只要激发了学生对看书的兴趣，还怕养不成他们阅读的习惯吗？

"不动笔墨不读书"，有时我还让学生摘抄精彩段落或喜欢的文章，写写读书心得体会，养成爱动笔的习惯，还会让学生画手抄报或思维导图，虽然有些学生学习成绩不怎么好，但是各有所长，有的擅长画画，有的擅长书法，还有的擅长规划，安排手抄报和思维导图的布置格局：哪里画画，哪里写字，哪里留空白……学生做得很不错。

这样，适当举办读书活动，让学生在分享阅读的快乐中培养阅读习惯，让被动阅读变为主动阅读，再变成爱上阅读。

三、优化阅读环境

高尔基说："书是人类进步的阶梯。"为此我发动学生为班上的"读书角"自愿捐书。有的捐1本，有的捐3本、5本，甚至有捐8本的。捐的书也是包罗万象：有童话故事书、名人传记、书报杂志、文学名著……我还会时不时补充新书资源。为了方便学生借阅，我还设置了几名图书管理员，为他们准备了推荐书目表和借书目录表等。

"读书角"里有充满童趣的儿童读物，如《安徒生童话》《格林童话》等，有曹文轩先生写的《草房子》《根鸟》《青铜葵花》等，有充满想象的科普读物《奇妙的仿生学》《知识星球》系列丛书，有《上下五千年》《西游记》《红楼梦》等中国古典名著，还有国外名著《钢铁是怎样炼成的》《昆虫记》等。

"读书角"开阔了学生的视野，拓宽了他们阅读的领域，让那些不爱看书的学生受到影响和熏陶，也加入看书的行列。这样，营造书香班级氛围，优化班级图书角，最大限度地提高图书利用效率，助推学生阅读素养的形成。

余秋雨先生说："阅读的最大理由是摆脱平庸。"我相信，学生有了阅读的兴趣，掌握了正确的学习方法，有了良好的学习习惯，胜过教师传授给他们的那一点僵化的知识。常言"学海无涯苦作舟"，那么，作为一名语文教师，能不能以兴趣为引导，让学生走进书的海洋，在书海中快乐遨游，"学海无涯'乐'作舟"呢？

《小英雄雨来》整本书导读教学设计

普宁市流沙第二小学　陈冬敏

【设计思路】

《小英雄雨来》是统编版教材六年级上册第四单元"快乐读书吧"中推荐学生阅读的书籍。本次读书活动的主题是"笑与泪，经历与成长"，引导学生阅读与儿童成长相关的中外经典小说《童年》《小英雄雨来》《爱的教育》。这是对本册小说单元的拓展和延伸。

本次读书活动的阅读要素主要有两个：第一，厘清人物关系，更好地读懂故事；第二，关注故事情节，更好地感受人物形象。这也是对本册小说单元语文要素的巩固，由课内阅读自然衔接到课外阅读。但是，围绕这两个要素，三本小说各有训练重点：《童年》侧重通过关注人物的语言、动作、心理活动等体会人物形象；《爱的教育》重在引导学生通过厘清人物关系，更好地认识、了解每个人物；而《小英雄雨来》则侧重于通过抓住故事情节来把握人物形象。加上学生在四年级下册学过书中的片段，为此，本节导读课注重引导学生在教材的基础上，通过抓住小说中的部分生动情节，更好地把握人物形象。教学过程主要从"谈话导入，激发兴趣""观察目录，了解内容""抓住情节，初识人物""制订计划，明确读法"和"推荐读物，拓展延伸"等方面进行，以激发学生阅读全书的兴趣，使其掌握自主规划、阅读小说的方法，并从中体会到读书的乐趣。

【教学目标】

（1）能产生阅读《小英雄雨来》整本书的兴趣，自主规划、阅读小说，了解小说的内容。

（2）通过抓住小说生动的故事情节，感受人物形象。

【教学重难点】

通过抓住小说生动的故事情节，感受人物形象。

【教学过程】

（一）谈话导入，激发兴趣

童年，天真烂漫，是人一生当中最美好的时光；童年，有苦有甜，指引我们寻找成长的方向。美好而浪漫的童年让我们成长得更幸福，让我们的未来有所成就。你想了解别人的童年生活吗？你知道战争年代的儿童是如何生活的吗？这节课，让我们来阅读著名作家管桦写的一部中篇小说《小英雄雨来》。

回忆：四年级下册的课文讲了雨来的什么故事？你觉得他是一个怎样的孩子？你觉得故事接下来会怎样发展？

（二）观察目录，了解内容

（1）观察发现，目录都是一些标题，或是词语，或是某一句人物语言，甚至是某个人名，但全部与故事情节相关。

（2）引导学生试试看着目录，猜想一下这本书讲的是什么。

小结：这部小说写了抗日战争中，雨来不断成长，完成了多项重要任务，最终如愿参加了游击队。这样，我们就对整本书的内容有了一个大概的了解。

（三）抓住情节，初识人物

1. 图文结合

小说中配有精美插图，插图也会说话。我们平时看书，要学会欣赏书中的插图，我们可以看图猜故事，也可以按照顺序看书，读到有关内容时，可以回到前面再去看看图。这样就把图文结合起来了，更加深对书中情节的印象。

故事情节一：雨来把鬼子带进地雷阵。

① 出示图片：鬼子让雨来带路。

你从图上看到了什么？你觉得当时发生了什么事？

一天，雨来在侦察的过程中被捕了，鬼子要他带路，绕过地雷阵去找八路军，雨来是怎么做的呢？（出示文字）

雨来心里想：把他们带进地雷阵，这倒是个好机会。

雨来先领敌人来到了假地雷阵里。（出示文字）

雨来一会儿把敌人领到野地里，一会儿又领到大路上，弯弯转转，在这片假地雷阵里走。雨来故意扯开嗓子喊叫一声：

"小心地雷呀！"

②出示图片：地雷爆炸。

正当鬼子以为已经走出了地雷阵时，地雷爆炸了。（出示文字）

可是，一个地雷山崩地裂似的爆炸了。河堤上升腾起来的浓烟，卷着沙土和炸碎的鬼子衣片，直冲上天空。民兵的枪也响了起来，子弹带着"嗖嗖"的呼啸声，飞进鬼子混乱的队伍里。

这个鬼子兵的枪，碰了那个的脑袋。那个鬼子兵的胳膊肘、肩膀碰了别人的鼻子，别人又碰了自己的眼睛、鼻子……倒在地上的，后面的就踩着他的脖子或是脊背跑了过去。

"轰！轰！轰！"……一个个地雷，像连珠炮似的响起来。

啊！愤怒的土地！把撕碎的敌人抛上天空，扔进滚滚的烟尘中。军帽和带着血块的军装碎片飞舞着，挂在庄稼秆上，挂在树上。皮鞋、炸断的步枪，在半空里打着筋斗……

…………

鬼子和特务，除了炸死的和乱枪打死的，只逃走了三十多人。

雨来呢？我们的小英雄雨来呢？同学们猜一猜！

对，当走到地雷阵之前时，雨来就假装失足，滚进河里去了。（出示文字）

雨来故意一边走，一边回头说话，故意迈空了脚步，身子一歪，"哎呀"叫一声，像一团小旋风似的滚进河里去了。

雨来在水里游着。他故意从水里冒出头来，扬手喊了声：

"救——命——啊！"

就假装被波浪打进水里。接着，仿佛被涌起的波浪推上水面似的，又闪露了一下小脑袋，就沉进河底去了。

从中，你看到了一个怎样的雨来？

故事情节二：雨来帮受伤的八路军逃走。

一次，敌人来了，屋里没办法让受伤的八路军继续躲避，雨来想出了什么办法让战士躲过敌人的耳目而逃走呢？同学们再猜一猜！

（出示相关图片和文字进行研读）

从这个故事情节中，你又看到了一个怎样的雨来？

2. 播放电影片段

这部小说还被改编成了电影，请大家来欣赏其中的一个精彩片段，想想：从中可以看到雨来的什么特点？

播放雨来与日本军官在长木桥上搏斗的片段。

（四）制订计划，明确读法

1. 制订阅读计划

引导学生自己规划阅读进度，注意：

（1）让学生根据自己的具体情况来规划。例如，全书共41节，188页，假如每天阅读3节，14天读完；也可以每天读15页，13天读完。

（2）只要规划切实可行即可，阅读进度也可以随时做出调整。

2. 明确阅读方法

书中紧张生动的情节给我们留下了深刻的印象，也让我们记住了一个个性格鲜明的人物。同学们在阅读过程中，当读到你最喜欢的或最难忘的情节时，可以这样做：

（1）在旁边做上标注，也可以拟上一个小标题或写上一两句感想。

（2）把这些精彩情节多读几遍。这样，通过故事情节来理解人物特点，故事中的人物形象在我们的心中就更丰满立体了。

（五）推荐读物，拓展延伸

出示：

在那个战争年代，像雨来那样站岗放哨，手拿红缨枪，挺起小胸脯，给八路军送信、带路，是很多很多的。

——管桦

师：是的，在抗日战争时期，涌现出许多像雨来这样的小英雄，如王二小、海娃、小兵张嘎等，这些小英雄的形象深入人心，令人传颂不已。在我们课外书海中，描写战争生活的红色经典书籍也有很多，如《红岩》《红日》《铁道游击队》《小兵张嘎》《闪闪的红星》等（出示书籍封面），同学们有时间可以找来读读。让我们通过阅读，走进书中主人公的生活，与主人公一起分享欢笑和喜悦，经历磨难与痛苦，从中汲取成长的智慧和力量。

《要是你给小老鼠吃饼干》绘本指导课
教学设计（一年级）

普宁市流沙第二小学　蔡惠娜

【教学目标】

（1）通过看看讲讲，理解给老鼠吃饼干后发生的一系列故事情节，感受作品循环反复的幽默风格。

（2）充分发挥想象力，体验创编、改编的快乐。

（3）理解绘本的内容，体会父母对我们的爱，学会表达爱，学会感恩。

【教学重难点】

教学重点：充分发挥想象力，体验创编、改编的快乐。

教学难点：在理解绘本的基础上学会表达对父母的爱，学会感恩。

【教学准备】

多媒体课件。

【课时安排】

1课时。

【教学过程】

（一）阅读绘本，启发想象

（1）出示绘本，介绍什么是绘本，说说你看过的绘本。

（2）出示绘本封面，介绍作者。

当劳拉还是一个9岁的小女孩的时候，她就开始写故事、画插图、做封面，为自己出版第一本书了。她还想成为一个出色的时装设计师，可是后来她迷上了为孩子们创作图画书，并且做得很成功。《要是你给老鼠吃饼干》是她的代表作，以后她又陆续创作了它的续篇《要是你给驼鹿吃松饼》《要是你给猪吃煎饼》等。

（3）板书课题，从绘本名字进行猜测。

有一天，你遇到了一只老鼠，如果你给了它一块饼干，猜猜接下来会发生什么事情？

（二）导读绘本，感知情节

（1）指导阅读。

有一只穿着蓝色背带裤的小老鼠下山来了，它走进一个小院子，看到一个小男孩正坐在石头上津津有味地吃着饼干，忍不住咽了一下口水。它立刻跑了过去问小男孩："你好！你能给我一块饼干吗？"小男孩大方地把饼干递给了它。我们的故事开始了……

教师讲述前半段绘本：一边讲解，一边提出问题，引发学生对后面故事情节的想象和期待。

牛奶：小老鼠是怎样喝牛奶的？

吸管：小男孩是怎么做的？（找得很辛苦）

餐巾纸：仔细看小老鼠的表情和动作，它会怎样说？

照镜子：有了新发现，仔细看表情，它会怎么说？

扫帚：看看这两幅图，你能想象出小老鼠打扫的样子吗？

累了想睡觉：猜猜它会要什么？

（2）梳理脉络，合作续编故事。

① 让我们看着板书，回顾一下这个故事。

要是你给老鼠吃饼干，它会要杯牛奶。等到你给它牛奶，它会问你要根吸管。吃完了，喝完了，它会要餐巾纸。它还要照镜子，看到镜子里的自己头发长了，它会问你借把小剪刀剪头发。等到头发剪好了，它会要把扫帚把地扫干净。它干累了想睡觉了。

② 大家觉得这个故事好不好玩？这是一只烦人的小老鼠，总是要这要那。有意思的是，小男孩面对那只小老鼠冒出没完没了的要求时是怎么做的呢？他埋怨老鼠了吗？

③ 这个爱提要求的小老鼠睡得着吗？故事接下来会怎样呢？还会提出怎

样的要求呢？你们也来编一编，四人一小组进行故事接龙。注意！好玩，很重要哦！

④汇报交流：故事接龙。

（3）绘本续读。

①同学们，你们的故事编得这么好玩，想不想看看本书作者劳拉是怎么编下去的？

②一边讲解，一边引导学生了解后半段故事。

后半段故事内容：它还会请你给它念个故事。你只好拿出书来念给它听，这时它会想要看看书上的图画。它一看图画，起劲得要自己动手画一幅。它会要你给它纸和蜡笔。它动手就画起来。等到画好了，它要签上它的大名，而且用钢笔。于是，它要把它这幅画贴到你的冰箱上。这就要用上胶带纸。等到它的画贴好，它会退后两步欣赏它。这么看着冰箱，它会想起来它口渴了。于是，它会要杯牛奶喝，既然它要喝牛奶，自然会要块饼干来一起吃。

③感受结构：小朋友，故事讲到这里，你有没有发现一个有趣的地方？

小结：故事的头尾部是一样的，开头是吃饼干，结尾也是吃饼干，这个故事绕了一大圈，又给绕回来了，这是一个绕着圈儿的故事。

在故事中，你发现小老鼠的心情怎样？（快乐、兴奋）

你发现小男孩怎么样？（越来越累）为什么小男孩会越来越累呢？

（三）故事再悟，学会感恩

（1）在劳拉的笔下，在我们小朋友的想象中，这只小老鼠都是那样没完没了！好像它那个小小的脑袋里总会冒出各种各样的要求。而那个小男孩每次都会想尽一切办法，没有任何埋怨地去一一满足它！

假如你就是这只小老鼠，在家里，谁总是像小男孩那样满足你的要求呢？

师：小时候，我们饿了，爸爸妈妈就喂给我们吃；我们冷了，他们就脱下自己的衣服给我们穿；我们累了，他们就毫不犹豫地背起我们；我们病了，他们就心疼地送我们去医院，日夜陪着我们；我们要学本领，他们就手把手地教我们，保护我们；我们要玩游戏，他们就用各种各样的方式逗我们开心。只要我们提出要求，他们就会想尽办法满足我们。为了我们的健康成长，他们累弯了腰，忙粗了手，头发也白了许多。

爸爸妈妈总是为你无怨无悔地付出，原因是什么？生：因为他们爱我。（板书：爱）

师：那你们爱爸爸妈妈吗？

（2）体会劳拉写给父母的话。

每一个有爸爸妈妈疼爱的孩子都是幸福的小老鼠啊！小朋友，这本书的作者劳拉，她跟我们想的一样，她这本书就是献给她的爸爸妈妈的！她在这本书的前面郑重地写下了一句话：

献给：谁都希望有的最好的父母——我的爸爸妈妈。

你们的女儿劳拉

今晚，让我们轻轻地在爸爸妈妈耳边说一句话，你会说什么？

（四）延伸

小老鼠要吃饼干，还可能要上学、要开派对……小男孩又会怎样帮助它呢？联系自己的生活，试着编一个小老鼠的有趣故事，能做到首尾呼应就更好！可以请爸爸妈妈帮你写下来，爱画画的小朋友还可以给你的故事配上插图，并写上你要对爸爸妈妈说的话。

写完之后，钉在一起就是一本属于你们自己的绘本故事书了。

这节课我们就上到这儿，小朋友们再见！

【板书设计】

要是你给小老鼠吃饼干

牛奶　　　饼干　　　牛奶

透明胶带　　　　　　　　吸管

签名　　　　　　　　　　餐巾纸

纸和蜡笔　　　爱　　　照镜子

讲故事　　　　　　　剪刀

睡觉　　　　扫帚

擦地板

【教学反思】

童年应该是一个色彩斑斓的梦，梦里可以有自己飞翔的影子。童年应该是由一个一个故事串起来的，那些故事里有我们的欢乐，有我们小小的烦恼，有我们的秘密花园。童年里，最需要一个会讲故事的人，让我们的孩子浸润在故事里，浸润在爱与美的世界里。

《要是你给小老鼠吃饼干》是一个幽默且有深意的小小绘本故事。在这堂阅读课中，我的设计主线是"基于绘本的想象，让学生在想象中享受快乐，体验快乐"。本节课分为三部分：①阅读绘本，启发想象；②导读绘本，感知情节；③故事再悟，学会感恩。从课堂的氛围看，"快乐阅读"的目标已达到，通过想象模仿等方式，学生感受到了作品中的幽默风格，如小老鼠发现头上有一根头发长了的诙谐表情，如故事循环反复的幽默风格。在续编故事这一环节，我用的是故事接龙的方式，设定了学生够得着的高度，极大地激发了他们续编的兴趣，而且因为我提出了"要编得好玩"的要求，学生更是天马行空，想法异彩纷呈。在这个绘本中，我们要看到的不只是表面上小老鼠没完没了地提要求，小男孩毫不埋怨地满足，还要联想到父母对我们无怨无悔的付出和深深的爱。当我问："假如你就是这只小老鼠，在家里，谁总是像小男孩那样满足你的要求呢？"学生本能地回答："爸爸妈妈！"可之后又有学生提出异议了："妈妈没有总是满足我的要求呀！"于是我从要求的合理性进行讨论，并提出问题：是谁给你吃的？是谁给你穿的？生病了，是谁照顾你？学生一下子就明白了，我们都是爸爸妈妈疼爱的孩子。

"让孩子们爱上阅读，在阅读中生出发自内心的快乐"，这是我一直追求的目标，在教学过程中，我也深深体验到教师备好课的重要性，只有细读文本，准备好精准提问及发言，才能使课堂更高效，孩子们也就有更多的时间，在教师的引领下徜徉在绘本的海洋中，自勉，待提高。

《三国演义》整本书导读微课教学设计

普宁市大坝镇大坝小学　朱素丽

【设计思路】

本文选自部编版教材五年级下册"快乐读书吧"。

五年级的学生有了一定的阅读基础，本课主要引导学生认识阅读名著的重要性，利用看视频、画思维导图等激发学生对《三国演义》整本书的阅读欲望。

先激趣导入，做课前小调查。通过观察封面，了解作者及写作背景，再简介主要内容。接着看小视频，结合目录，填关于诸葛亮事迹的思维导图，来简单了解《三国演义》这本书。利用知识拓展引导学生认识阅读名著的重要性，激发学生对《三国演义》整本书的阅读欲望。最后推荐好书，让阅读延续。

【教学目标】

（1）了解故事背景和主要内容。

（2）理出主要人物和主要事件。

（3）学会关注目录、关注作者，通过阅读、画出人物及事迹的思维导图来了解《三国演义》这本书。

（4）认识阅读名著的重要性，激发学生对《三国演义》整本书的阅读欲望。

【教学重难点】

（1）引导学生学会关注目录、关注作者，品悟人物，通过阅读、画思维导图来了解《三国演义》这本书。

（2）认识到阅读名著的重要性，激发学生对《三国演义》整本书的阅读欲望。

【教学过程】

（一）激趣导入

同学们，大家好！今天，让我们一起走进好书聊天室。课前，我们做个小调查，你是从哪里知道《三国演义》的呢？

从电影、电视剧、评书、戏剧、游戏等可以知道。作为中国古典四大名著之一，《三国演义》早已走进了千家万户。

（二）观察封面

同学们，这里有不同版本的《三国演义》书籍，有一百二十回的，有三十二回的，还有漫画版的哦。同学们可以关注封面，选择适合自己的或者自己喜欢的来读。今天，我们来聊聊适合我们小学生阅读的三十二回的《三国演义》。

（三）了解作者及写作背景

从封面上，我们还可以了解到，《三国演义》的作者是罗贯中。罗贯中，名本，字贯中，号湖海散人。他生活在元末明初的动乱年代，当时农民起义此起彼伏，群雄割据，经过多年战乱，最终朱元璋剿灭群雄，推翻元王朝，建立明王朝。其间人民流离失所，罗贯中作为一名杂剧和话本作者，生活在社会底层，了解和熟悉人民的疾苦，期望社会稳定，百姓安居乐业，由此，罗贯中就东汉末年的历史创作了《三国演义》这部历史小说。

同学们，关注作者，懂得读书其实就是和作者交流。了解作者，也是了解故事背景的一种方法，这更有利于我们理解书中的一些内容。

（四）简介主要内容

《三国演义》是中国古代第一部长篇章回体小说，是历史演义小说的经典之作。小说描写了公元3世纪，以曹操、刘备、孙权为首的魏、蜀、吴三个政治、军事集团之间的矛盾和斗争。

汉末年，汉室衰弱，黄巾起义，各路英雄乘剿黄之机发展势力。曹操挟天子以令诸侯，实力最强。连年混战，弱肉强食。官渡之战，曹操灭袁绍，统一北方。赤壁之战，吴国大将周瑜大败曹操，使曹操暂无力侵犯长江以南，形成三足鼎立、相对稳定的局面。曹操死后，曹丕称帝。大将司马昭统一全国，结束了三足鼎立之局面，夺魏为晋，建立晋朝。

（五）猜谜识英雄

说到三国英雄，你首先想到的是谁呢？我们先一起来玩玩小游戏"我猜我猜我猜猜猜"。给大家一个小提示，谜底都是《三国演义》书中的英雄人物哦！

（1）凿壁偷光。谜底：孔明

（2）走错了，一直去。谜底：赵云

（3）鸟宿林间不再飞。谜底：关羽

你猜对了吗？太棒啦，我们一起走进《三国演义》"群英会"吧！

（六）《三国演义》"群英会"

我们先来看个小视频，然后关注目录，想想这个小视频介绍了哪位英雄？讲了什么故事？

视频介绍了诸葛亮。故事是：空城抚琴退仲达。

接着来阅读书中的一个精彩片段。

周瑜第二天便要孔明于十日内造箭十万支，若做不到便要杀头。孔明说："只要三天就够了。"周瑜暗中嘱咐鲁肃令工匠延迟，以便找借口杀掉孔明。诸葛亮让鲁肃借他二十艘船，每船军士三十人，船上预备青布干草，三天后他一定交出十万支箭。只是千万不能告诉周瑜，否则便无法完成。鲁肃糊里糊涂地答应下来。

三日后半夜时分，大雾弥漫，江面上雾气更浓。孔明请鲁肃坐船去取箭。孔明将二十只船排成一行，快到曹营时，便叫船上士兵打起鼓来，齐声呐喊。曹操不知内情，疑有敌军入侵，命令放箭乱射，箭全扎在稻草人上。等雾散时，孔明已得箭十几万支。

这是著名的"诸葛亮草船借箭"的故事。

从这两个故事中，我们可以发现诸葛亮算准了司马懿多疑的性格，所以用了"空城计"，他算准了三天后江上有大雾和曹操生性多疑，所以能用草船"借"到箭。他知天时、懂地利、识人心，真是神机妙算啊！

关于诸葛亮的故事有很多，如"诸葛亮智取汉中""诸葛亮七擒孟获""木牛流马建奇功"等。通过阅读书籍，利用目录进行检索，找到自己想看的内容，然后画出人物及事迹的思维导图，这样比较容易了解《三国演义》这本书。请同学们继续阅读书籍，把关于诸葛亮的故事填完整。当然，我们也可以把关羽、张飞等三国英雄人物的故事填一填。

（七）知识拓展

《三国演义》中有许多经典名言名句，如"挥泪斩马谡""死孔明吓走生仲达"等，还有歇后语，如诸葛亮用空城计——不得已，关公照镜子——自觉脸红等。

不管是影视作品、谜语还是名言名句或歇后语，都是人们耳熟能详的，与我们的学习、生活息息相关，这是《三国演义》这部书的巨大魅力。

（八）师小结

同学们可以运用关注封面、关注作者、关注目录，借助思维导图厘清书籍的重要人物和主要事件等方法来阅读整本书。

（九）好书推荐

有兴趣的同学可以继续阅读中国古典四大名著的其他三部书——《红楼梦》《西游记》《水浒传》。相信你们一定会有很大的收获。我们就聊到这里，同学们，再见！

5

第五篇

示范引领，
辐射周边地区

《月光曲》教学设计

普宁市流沙第二小学　王文敏

【教学目标】

（1）学会8个生字；正确读写谱写、幽静、蜡烛、盲姑娘、纯熟、陌生、清幽、琴键、微波粼粼等词语。

（2）有感情地朗读课文。背诵第9自然段。

（3）了解贝多芬创作《月光曲》的经过，体会音乐的魅力，感受贝多芬博大高尚的情怀。

（4）分辨课文中哪些是实在的事物，哪些是由事物引起的联想，体会两者结合的作用。

【教学重难点】

教学重点：了解贝多芬是怎样创作出《月光曲》的，以及在创作过程中思想感情的变化。

教学难点：探究贝多芬创作《月光曲》的激情来自何处；借皮鞋匠的联想，感悟《月光曲》的意境。

【教学课时】

1课时。

【教学过程】

（一）借助音乐、故事导入新课

（1）一边听《月光曲》，一边讲故事——《苦练——贝多芬的故事》。（提示：懂得倾听的孩子最有出息）

听毕追问学生：从故事中听到了一个什么样的贝多芬？

（2）揭示课题，引出教学内容。

（3）借助资料袋，了解贝多芬。

通过资料袋的内容，再次追问学生读到了一个什么样的贝多芬。

（二）检查预习情况

（1）检查生字词预习情况。

① 出示生字词：莱茵河、蜡烛、陌生、盲人、琴键、微波粼粼、霎时间、记录、入场券、恬静、波涛汹涌。

② 指名学生读。相机正音：霎、券、恬等字的读音，并解释霎时间、入场券、恬静、微波粼粼等词的意思。

③ 指导书写"粼"。（提示：提笔即练字）

（2）检查课文预习情况，梳理文章主要内容。

让学生快速浏览全文，思考课文围绕《月光曲》讲了一个怎样的传奇故事。

（3）学生交流。（相机板书：贝多芬）

过渡：读书要善于发现。大家读课文时，有谁注意到贝多芬一共弹了几首曲子？你又是从文中哪里看出来的？

根据学生回答相机出示：

① 我是来弹一首曲子给这位姑娘听的。（板书：弹一首）

② 您爱听吗？我再给您弹一首吧。（板书：再弹一首）

（三）探究创作原因，感受人格美

（1）贝多芬是一位伟大的音乐家，究竟是什么打动了他的心，使他想要弹一首曲子给那位姑娘听呢？请大家带着这个问题默读第2～5自然段。

① 出示第3自然段兄妹俩的谈话内容，要求同桌之间分角色读一读这段话。讨论一下贝多芬从兄妹俩的谈话中听出了什么。（板书：听）

A.指导读好两个语气词"啊"。

B.师生交流。

通过交流，学生读懂了贝多芬的心情。他既同情那对穷兄妹的遭遇，又被姑娘善良、纯洁、美好的心灵打动。（板书：生同情、受感动）

② "不，我是来弹一首曲子给这位姑娘听的。"从这句话中又读到了一

个什么样的贝多芬呢？

③ 出示贝多芬的名言：我的音乐应当为穷苦人造福，如果我做到了这一点，该是多么幸福。（加深对贝多芬的了解）指导学生齐读。

过渡：贝多芬是这样说的，也是这样做的。当他走进茅屋为那位姑娘弹了那首曲子，满足了姑娘的所有愿望后，他本可以离开，继续在幽静的小路上散步。可后来又是什么打动了他的心，使他愿意再为姑娘弹一首呢？请大家继续走进课文中寻找缘由。

（2）"弹得多纯熟啊！感情多深哪！您，您就是贝多芬先生吧？"

① 引导学生读好句子里的"啊"和"哪"。

② 盲姑娘为什么那么激动呢？

③ 假如你就是那位盲姑娘，当你的愿望实现了，你会怎样激动地说呢？请你读一读盲姑娘说的话。

④ "您爱听吗？我再给您弹一首吧。"贝多芬从盲姑娘的话语中又听出了什么，让他如此激动？再读盲姑娘的话体会。

⑤ 从"多纯熟啊！""多深哪！"中，贝多芬听出了什么？从两个"您"中，贝多芬又听出了什么？（师生交流）

⑥ 小结。

正因为遇到了知音，贝多芬才产生要为她弹奏第二支曲子的想法，一种创作的激情顿时而生。（板书：遇知音）

过渡：正在这时，一阵风把蜡烛吹灭了，月光照进窗子，清亮如水的月光下，一切是那么朦胧，那么美，就连破旧的茅屋也显得诗情画意。此情此景深深打动了贝多芬。他"望了望"穷兄妹，同情之心油然而生。是啊，美好的音乐应当给予穷苦而又爱好音乐的人们。于是，他情不自禁地按起琴键来。

（四）品读联想内容，感受音乐艺术魅力

（1）音乐是沟通心灵的桥梁。在贝多芬美妙的琴声中，皮鞋匠兄妹俩联想到了什么呢？请同学们自读第9自然段，找出相关内容。

（2）指名学生回答。

（3）齐读相关内容。思考：这些语句描绘了什么样的画面呢？（月光照耀下的海面发生变化的景象）

（4）怎样才能读出画面的变化呢？请大家一边默读，一边圈画出海面发

生变化的词语。（微波粼粼、波涛汹涌）

（5）指导学生读相关句子。（教师提醒其他同学一边听，一边感受画面的变化）

（6）听音乐，感受画面。

师描述：听，钢琴声响起了。一开始琴声轻幽、舒缓，皮鞋匠好像看到了月亮正从水天相接的地方升起；随着琴声逐渐增强，皮鞋匠好像看到了月亮逐渐升高，在微云中穿梭；后来节奏加快，琴声高昂激越，皮鞋匠好像看到了月光下浪花涌动、气势磅礴的海面，此时，皮鞋匠看到妹妹仿佛也和他一样被琴声带到了月光下波涛汹涌的大海。

（7）引导学生一边读，一边想象月光下海面发生变化的奇丽景象。

（8）追问：如果没有这些联想，还能感受到贝多芬的琴声带来的美丽意境吗？（师相机去掉联想内容）

通过追问，让学生明白：如果没有这些联想，文章就失去了一大半的美。

（9）伴着音乐，师生分角色朗读第9自然段。

（10）小结。

我想，此时的皮鞋匠兄妹一定是幸福的，因为他们正感受着琴声的美妙；我想，此时的贝多芬也一定是幸福的，因为他正用美妙的琴声带给这对穷兄妹快乐；我想，此时的我们也一定是幸福的，因为我们正幸福地感受着他们的幸福。这幸福的感受正是贝多芬那高超的技艺带来的，更是他那高尚的情怀赋予的。

是的，美好音乐的产生不仅要依靠丰富的想象力，更要依靠高尚而真挚的情感。现在让我们捧起书，读一读第9自然段，一起感受贝多芬以及贝多芬音乐的魅力吧。（生齐读）

（五）总结

（1）在兄妹俩还陶醉在美妙的琴声中时，贝多芬早已离开茅屋——生接读最后一段。（板书：记录《月光曲》）

（2）传说《月光曲》就是这样谱成的。所谓传说，它来源于民间，不一定都是真实的。但这个传说恰恰是对这位德国的大音乐家贝多芬最好的诠释。因为贝多芬曾说："我的音乐应当为穷苦人造福，如果我做到了这一点，该是多么幸福。"他是这样说的，也是这样做的。《月光曲》只是贝多芬的一个传说故事，关于贝多芬的传奇故事还有很多，请同学们课后阅读《巨人三传》。

（六）布置作业

（1）有感情地朗读课文，抄写课文生词。

（2）背诵第9自然段，积累优美语段。

（3）推荐阅读《巨人三传》，了解贝多芬。

（4）听一听《月光曲》，感受画面。

【板书设计】

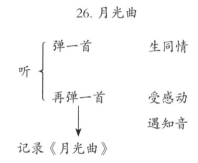

26. 月光曲

听 { 弹一首 —— 生同情

再弹一首 —— 受感动

遇知音

记录《月光曲》

【教学反思】

《月光曲》这篇文章是小学阶段的描写艺术精品，不仅有婉转、动人的故事，更有清幽、悠扬的钢琴曲。授课教师既要有最终品析人物、解析故事的能力，又要有保持故事完整性、不破坏乐曲意境的手段。如何将这两点完美地结合在一起呢？通过不断的磨课，我最终决定从以下三个方面来设计教学方案。

1. 创设情境，聆听曲之美

在这堂课中，我总共三次让学生聆听《月光曲》，学生在一次又一次的聆听过程中，不断地感受着《月光曲》的美妙以及贝多芬创作《月光曲》的感人故事。从课堂教学实践中发现，在不同情境的聆听中，学生的情感也发生着变化，可见，"聆听乐曲"这一教学策略处理比较到位。

2. 细细品味，感受情之美

带领学生感受贝多芬内心情感时，我引导学生思考贝多芬共弹了几首曲子，然后抛出问题：为何弹了一首再弹一首？让学生明确贝多芬弹两首曲子的初衷是有差别的。此时，我利用语言将学生带入情境，感受贝多芬弹奏两首曲子的不同原因。由于我善于利用过渡语将整个故事连起，让学生身临其境地感受当时的情境，所以，学生能感受到贝多芬当时的所感所思，充分了解了贝多芬这个音乐家的高尚情怀。

3. 精读课文，领略文之美

这篇课文的第9自然段是全文的一个重点段，语言特别优美，课后习题中也要求背诵，是教学的重点。另外，这段话作者采用了实与虚相结合的写作方法，也是教学的难点。为此，在设计教学方案时，为了很好地突破这一教学重难点，我前后安排了10次朗读任务：从默读、自读、齐读，到想象画面读、分角色读，再到配乐朗读。学生一次次带着不同的要求朗读，感受了语言文字的美、意境的美。然后，我通过去掉联想部分让学生再次感受这种美，从学生闪闪发光的眼神中感觉教学效果很好。

整节课的教学符合《义务教育语文课程标准（2011年版）》的要求："注重了情感体验，有较丰富的积累，形成良好的语感。""能初步理解、鉴赏文学作品，受到高尚情操与趣味的熏陶，发展个性，丰富自己的精神世界。"

但是，美中有不足。我只对表面想象进行了解析，却没有深入问题的实质——"艺术源于生活"。这应该是为学生总结艺术来源的一个绝好契机，可惜我却将这个机会浪费了。我未能引导学生将《月光曲》的节奏与贝多芬当晚的际遇相联系，说说自己得到了什么。如果我善于引导，学生很自然就会想到：贝多芬走在莱茵河畔，心情宁静，如音乐的第一乐章——舒缓；听到穷兄妹的谈话，看到贫困的环境，内心泛起涟漪，如音乐的第二乐章——波动；得知这位盲姑娘是自己的知音时，内心激动，如音乐的第三乐章——激昂。

都说"课堂教学永远是一门有遗憾的艺术"，我想也是如此。

遵循规律，着眼语文素养的发展

——《月光曲》教学谈

普宁市流沙第二小学　吴佩新

　　《月光曲》是义务教育课程标准实验教科书六年级上册第八单元的一篇精读课文。课文讲述了德国著名音乐家贝多芬因同情穷兄妹而为他们弹琴，有感于盲姑娘对音乐的痴迷即兴创作出《月光曲》的传奇故事。作者借这个美丽而动人的传说故事，既表现了大音乐家贝多芬对穷苦人民的同情和热爱，又表现了他丰富的想象力和卓越的才华。文章文字美、情感美、意境美，是一篇文质兼美的经典课文。

　　课的设计，我们主要基于"遵循规律，着眼学生素养的发展"来考虑。主要观照以下几个方面。

一、解读文本，定位目标

　　一篇文章该教什么，不该教什么，一些教师往往是依据教参，没有自己的主见，变成教参的传声筒。其实，备课的第一步就是解读文本。于永正老师说过："钻研教材是备课的最重要一环。这法儿那法儿，钻研不好就没法儿。"教师必须以三重角色来解读文本。首先是把自己当普通读者，感受文章的内容及表达的情感；其次以教师的身份深度研读文本，分析哪些内容作为教学的重点，揣摩哪些是教学的难点；最后还必须把自己当学生，从学生的角度想想哪些是不必讲就懂的，哪些是教师必须点拨、引导的，以此来确定教学的重难点。王老师对《月光曲》这篇课文的重难点抓得准，就是了解贝多芬是在怎样的情境下创作月光曲的，重点理解他在创作过程中情感的变化。因此把引导学生读懂兄妹俩的谈话作为研读的第一个重点，让学生读、议、想，深深体会兄妹间的那种兄爱妹、妹体谅兄的手足深情，这样，贝多芬为什么走进茅屋弹琴这个问题就迎刃而解了。接着品读盲姑娘听完弹琴后的赞叹，体会贝多芬遇到知音，借着清幽的月光再弹一曲的创作激情。重点也即难点，重点体会深刻，难点也就不攻自破。所以，解读文本是设计好教学的第一步。

二、依纲扣本，设计教法

首先，教学方法的选用必须依据教学指南——《义务教育语文课程标准（2011年版）》。课标对各年段在"识字与写字""阅读""写作""口语交际""综合性学习"等课程内容该达到哪些目标都做了具体要求，教师都必须十分清楚，这样教学时才不会越位。例如生字教学，刚才我们看到王老师对生字的教学，采用检查的方法，在检查过程中了解学生的自学情况，再对学生易错、难读的字重点强调，而不是不管哪个年级，第一课时就是用来学习生字词，而且是用整整一节课来学习。有时听课还发现有这种情况，就是教师没有了解学生循序渐进形成的能力，识字教学任务是落在一、二年级，教给学生识字的方法，一年级学习方法，二年级就必须渐渐放手让学生自学，到了六年级，生字词就应以学生自学为主，教师只是适当强调个别字词。再如学生读的能力要求，课标中的要求是这样的：低年段，学习用普通话正确、流利、有感情地朗读课文。学习默读。中年段，用普通话正确、流利、有感情地朗读课文。初步学会默读。高年段，能用普通话正确、流利、有感情地朗读课文。默读有一定速度，每分钟不少于300字。这是根据学生的年龄特征、认知规律制定的，教师一定要认真解读，以此来确定教学方法、对学生训练的要求，这样才能让学生在循序渐进的训练过程中形成语文素养。其次，教学目标的确定要关注单元目标、本课目标，还有课后的练习题，关注这方面之后，还要注意三维目标的统筹整合，避免三维目标的失衡。

三、关注学情，引导激励

课堂是一个师生双方共同营造的生命课堂，教师是主导，学生是主体，双方站位准确，方能同生共长，教学相长。王老师在这方面处理得比较好。虽然师生双方第一次见面，但王老师能关注学情，以学为核心，摒弃教师一厢情愿的讲解分析，以问题引导学生读书、思考、表达，教师真正成了学生学习的组织者、引导者、合作者，学生学得轻松愉快，能力得到锻炼，素养得以提升。课堂上不时听到教师暖意融融的提示、评价，如不动笔墨不读书、最好的合作伙伴就在身边等，看似简单的提示，其实也是对学生学习方法的指导、学习习惯的培养。

四、课内课外，引导阅读

学生语文素养的形成，必须依赖大量的阅读及语言实践。因此，语文教师必须重视对学生阅读兴趣、阅读习惯的培养。王老师在课前给学生讲故事，课后作业中让学生阅读《巨人三传》，就是基于这方面的考虑。近几年随着高考的改革，"得语文者得天下"的说法越来越受到重视，而小学阶段是培养阅读习惯的关键时期，教师要引起重视并落实到行动上，开展读书活动，把课内阅读与课外阅读结合起来，激发学生阅读兴趣，培养学生阅读习惯，使其逐步形成良好素养。

此外，教学手段的运用也恰到好处，如借用多媒体课件播放钢琴曲，让学生在赏美文的同时还欣赏了美妙的《月光曲》，加深对课文的感悟，也经历了一趟美妙的艺术之旅，让文美与曲妙最大化地熏陶、感染学生。

《桥》教学设计（第二课时）

普宁市流沙第二小学　罗　慈

【教学目标】

（1）有感情地朗读课文，能读好文中的短句。

（2）紧扣情节中老支书的语言、动作、神态感受人物形象；领悟环境描写对表现人物形象的作用。（教学重点）

（3）理解"桥"的含义和小说"巧设悬念"的表达特点。（教学难点）

【教学过程】

（一）复习回顾，引入学习

（1）同学们，这节课我们将继续走进第12课——《桥》。（齐读课题）

（2）这篇微型小说主要讲了一件什么事？谁能用比较简洁的语言告诉大家？从中你感受到老支书是一个怎样的人？

（3）过渡：读小说，关注故事情节的发展与所处的环境，能更好地感受、理解小说所塑造的人物形象。那么，《桥》这篇小说是怎样塑造老支书这个人物形象的呢？

（二）深入情节，感受形象

1. 初识情节冲突，理解人物形象

（1）老支书与村民在洪水面前的表现完全不一样，文中是怎样写的呢？请用你喜欢的方式自由读课文第3~8自然段，画出关键词句。

（2）分享交流，出示词语。

村民：你拥我挤、跌跌撞撞、疯了似的、乱哄哄。

老支书：站着、不说话、盯着、像一座山。

（3）通过对比感悟、朗读，体会上面两组词的作用。

（4）面对一样的危险，老支书与村民却有着不一样的表现，作者为什么要这样写呢？

（5）品读句子：老汉清瘦的脸上淌着雨水。他不说话，盯着乱哄哄的人们。他像一座山。

2. 再探情节冲突，丰厚人物形象

（1）过渡：小说往往通过设置对比与冲突来刻画人物形象，反映人物思想性格，为表达小说的主旨服务。那么，课文除了老支书与村民的对比外，还有哪些对比描写的地方？请同学们运用对比阅读的方法，默读课文第9～23自然段，找出对比描写的地方并做批注。

（2）生交流，师点拨。

·老支书与个别党员的对比。

a.老汉沙哑地喊话："桥窄！排成一队，不要挤！党员排在后边！"

b.有人喊了一声："党员也是人。"

c.老汉冷冷地说："可以退党，到我这儿报名。"

① 一样的身份，不一样的选择。

② 指导分角色朗读老支书与其他党员的对话。

·老支书与自身的对比。

a. 老汉突然冲上前，从队伍里揪出一个小伙子，吼道："你还算是个党员吗？排到后面去！"老汉凶得像只豹子。

b. 老汉吼道："少废话，快走。"他用力把小伙子推上木桥。

① 一样的对象，不一样的态度。

② 指导朗读，感受老支书对儿子深沉的爱。

③ 引导体会小说结尾设置悬念的表达作用。

·洪水的前后对比。

a.山洪咆哮着，像一群受惊的野马，从山谷里狂奔而来，势不可当。

b.近一米高的洪水已经在路面上跳舞了。

c.死亡在洪水的狞笑声中逼近。

d.水渐渐蹿上来，放肆地舔着人们的腰。

e.水，爬上了老汉的胸膛。

f. 一片白茫茫的世界。

① 一样的洪水，不一样的写法。

② 体会环境描写的烘托作用。

（三）理解题目，升华情感

（1）此时此刻，这还只是一座窄窄的木桥吗？它是一座什么桥？（再读课题）

（2）木桥虽然塌了，但老支书这座生命桥将永远矗立在我们每个人的心中。

（四）拓展延伸，巩固读法

用本课学到的阅读小说的方法，结合提示，阅读《船长》。

（1）默读，梳理情节，填写下表。

主要人物	面临的处境	选择	结局

（2）你读出了一个怎样的船长？

（五）布置作业

（1）阅读《鲨鱼》（列夫·托尔斯泰）。

（2）如果老支书有幸当选感动中国十大人物之一，请你为他写一段颁奖词，你会怎么表达？

【板书设计】

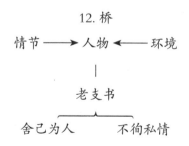

12. 桥

情节 ⟶ 人物 ⟵ 环境

|

老支书

舍己为人　　不徇私情

《桥》说课稿

普宁市流沙第二小学　陈冬敏

一、说教材

《桥》是统编版教材六年级上册第四单元的一篇微型小说。所在单元是这套教材第一次以小说文体来组织单元，语文要素是"读小说，关注情节、环境，感受人物形象"。这篇小说讲述了村庄突遭洪水，面对惊慌的村民，老支书沉着镇定地指挥村民过桥，大家顺利脱险，而他自己和儿子却被洪水吞没了，塑造了一位舍己为人、不徇私情的老支书形象，他用血肉之躯筑起了一座不朽的精神之桥。小说篇幅虽短，但情节跌宕起伏，冲突不断，结尾设置悬念，感人至深。课文的语言形式极具特色，以短句、短段构篇，巧妙地以雨、洪水和桥等环境描写串联起整个故事，渲染了紧张的氛围，有力地推动了情节的发展，为塑造人物形象做了背景铺垫。

二、说学情

六年级学生基本具备了自主识字、自主阅读的能力，本文内容浅显易懂，而且，学生已经在五年级下册学过，是一篇熟文了。这次主要是学习阅读小说的方法，即引导学生通过关注情节的推进与环境的渲染，来理解、感受人物形象。

三、说教学目标

基于以上分析，我制定了以下教学目标。

（1）会写"咆、哮"等8个字，会写"咆哮、惊慌"等11个词语。

（2）有感情地朗读课文，能读好文中的短句。

（3）能紧扣情节中老支书的语言、动作、神态描写，感受人物形象。

（4）领悟环境描写对表现人物形象的作用。

四、说教法与学法

《义务教育语文课程标准（2011年版）》在第三学段提出："在阅读中了解文章的表达顺序，体会作者的思想感情，初步领悟文章的基本表达方法。"由于初次教学小说文体，因此要引导学生对小说表达艺术有"初步领悟"。结合文体特色，我主要采用对比感悟、品读细节、演读对话、评述人物等方法，让学生通过自读课文、勾画批注、理解感悟、入情朗读等方法来进行学习，完成对人物由平面式到立体化的感知过程，实现工具性与人文性的统一。

五、教学过程

本课的教学过程分为四个板块。

板块一：了解小说整体感知。

板块二：梳理情节关注环境。

板块三：深入情节感受形象。

板块四：运用学法拓展阅读。

今天说课主要是第二课时，即板块三、板块四的教学。

板块三：深入情节感受形象

这个板块共有三个环节。

1. 初识情节冲突，感受人物形象

第一课时，我们初步了解了小说的情节、环境，还有主要人物老支书。这一节我主要引导学生运用对比阅读的方法感知情节的冲突。首先提出问题：文章是怎样写老支书和村民们在洪水面前不一样的表现呢？请自由读课文第3～8自然段，画出关键词句，对比阅读，说说从中你感受到了什么。

接着，通过师生交流，理出两组关键词语，并说说感受。

村民：你拥我挤、跌跌撞撞、疯了似的、乱哄哄。

老支书：站着、不说话、盯着、像一座山。

在对比感悟中，老支书在灾难面前镇定无畏，想群众之所想，急群众之所急的鲜明形象凸显出来。然后，指导学生朗读两组词语及相关句子，这样，老支书那"像一座山"的高大形象就在学生心中留下了印象。

这个环节的设计是根据文本围绕冲突对比着写，我便引导学生抓住对比品读、感受人物特点，让学生习得读法。

2. 再探情节冲突，丰厚人物形象

随着情节的推移，老支书在指挥村民过桥时又与哪些人有了冲突？作者是怎样对比着写的？我让学生运用上面的学法，自学课文第9～27自然段，找出相应句子，做上批注，并想想从中又感受到什么。

接着，让学生交流汇报。

预设（1）老支书与个别党员的对比。党员排在后边——党员也是人。

在学生交流感受的基础上，引导学生演读对话，让学生增强对角色从外在言语到内部心理的整体把握。通过品读老支书的"喊话"与"冷冷"的语气，进一步感受老支书"一切为了群众"的坚定立场。

预设（2）老支书对小伙子态度的对比。重点引导品读"揪"与"推"两个动作。

通过练习朗读两次"吼"的不同语气，感受老汉作为老支书的舍己为人、不徇私情以及作为父亲对儿子深藏的爱。至此，老支书的形象在学生的心中丰满起来了。

最后，通过问题"结尾才点明老支书与小伙子之间的父子关系，有什么好处"，引导学生体会结尾设置悬念的作用。

3. 体会环境烘托作用，体悟桥之内涵

本环节，我让学生再读一读课文中描写环境的句子，感受环境描写既推动了情节的发展，营造了紧张的氛围，又烘托了老汉的光辉形象的作用。

接着，理解课题"桥"的含义：读到这里，你还认为这只是一座窄窄的木桥吗？它是一座什么桥？通过前面对老支书形象的一步步深入感受，学生自然能理解：这是老汉用血肉之躯筑起的一座不朽的精神之桥。

最后，小结阅读小说的方法：读小说，要关注环境和情节，抓住具体环境、情节中人物的语言、动作、神态等来感受和把握人物形象。

板块四：运用学法拓展阅读

这个板块有以下两个环节。

1. 小结学法，迁移运用

首先引导学生小结阅读小说的方法：读小说，要关注小说的三要素——情节、环境及人物；通过情节、环境描写来感受人物形象。然后让学生运用这一阅读方法，阅读小说《鲨鱼》。

读后填写下表。

主要人物	面临的处境	情节的发展、事情的结局

再联系具体细节说一说：你读出了怎样的老炮手？

教学的目的不只是让学生知道方法，还要让学生将方法运用于实践中，进而形成能力、习惯。

2. 布置作业，巩固读法

（1）运用学到的阅读小说的方法，自读一篇小说。

（2）如果老支书有幸当选感动中国十大人物之一，请你为他写一段颁奖词，你会怎么表达？

六、说板书设计

本课的板书紧扣文体特点，结合文本内容，呈现小说的三要素及主人公老支书的形象特点，简单明了，学生印象深刻。

领悟编写意图　准确定位目标　改进教学方法

——以统编版教材六年级上册《桥》为例

普宁市流沙第二小学　吴佩新

统编版小学语文教材这学期全部跟大家见面了。统编版也叫部编版，全称叫"教育部编义务教育语文教科书"。从2016年开始，如果循序渐进的话，2020年应该是到四年级，但2020年是四至六年级全部使用，大家有点措手不及。新教材的编排与老教材相比，改动比较大。所以，今天我们就是带着如何用好统编版教材的问题与大家交流。我结合罗慈老师刚才上的《桥》这篇课文，说说我们对统编版教材编写意图的理解及采取的相应的教学策略。

一、领悟编写意图，准确定位目标

《桥》这篇课文是统编版教材六年级上册第四单元的第一篇课文，其实六年级学生在上一年老教材五年级下册中已经学过了这篇课文，学生对课文的主要内容、文中人物的特点都清楚了，我们还要教什么呢？也就是说，我们要制定怎样的教学目标才合适呢？备课时，我们首先考虑了这个问题。这时，我们想的是对比新旧教材编写的不同体例。我们必须先了解新教材新在哪里。在大量解读新教材的文章中，我们了解到新教材的编写理念、编写体制都有比较大的改变。例如，我们翻开新教材马上就能发现的一点就是语文教材结构上的明显变化，每个单元的单元导语都跟老教材的表述不一样。简简单单一两句话的单元主题，置于上方，下方一般是两点内容，这就是"双线并行组织单元结构"，双线即内容主题与语文要素，内容主题是说同一单元的文章大致是体现同一主题的，另一条线是语文要素，它根据课程标准中要求小学生必须掌握的语文知识和必须养成的语文能力，按照各年段由浅入深、由易到难，分布在各个单元中，并在每个单元的单元导语中清楚地写出来。例如，《桥》这一课所在的六年级上册第四单元，它的语文要素就是：①读小说，关注情节、环境，感受人物形象。②发挥想象，创编生活故事。分别从阅读和写作两个方面的学习要点做提醒、要求。每个单元都是这样的表述方式。这样，教师们对每个单元的教学目标就都有明确的认识。这一点是新教材最明显，也是深受好评的一个变化。

明确了各单元学习要点，新教材通过课后思考题落实单元语文要素，略读课则是在导读中体现。因此，根据《桥》所在单元的语文要素以及课后题，我们就能比较准确地把握教学目标。那么，以此类推，除了课程标准之外，单元语文要素、每课的课后题都是制定教学目标的依据。

二、依据教学目标，采用适切的教学方法

有了明确的教学目标，接着就是教学过程的设计。《桥》是第一次引导学生读小说的教材，该采用怎样的教学方法呢？因为目标定位于引导学生学习"读小说，关注情节、环境，感受人物形象"，那么就要引导学生学习在小说的情节中品味人物的行动、语言、神态，以感受人物形象，这就要求教师深入解读义本，寻找教学突破口。通过深入解读，小说短短600多字的叙述，运用对比、设置悬念等艺术手法，把一个大公无私、不徇私情的老支书形象塑造得丰满、感人。于是，我们决定以聚焦情节，体会小说谋篇布局的巧妙，品味人物语言、行动来感受老支书的形象，再辅以朗读体验、环境对比的感悟，既让学生充分感受老支书的形象，又学到读小说的方法，较好地达成教学目标。

三、领悟"三位一体"的编排体例，引导学生多读书

新教材另一个"新"的编排，就是"三位一体"的编排，即每册都是由精读、略读、课外阅读组成，很大的一个变化就是把课外阅读编进教材。低年段每册书都有一个"和大人一起读"，高年段则有"快乐读书吧"。从

一年级开始，培养学生读书的习惯，努力让学生好读书，读好书，读整本的书，改变现在学生不读书、读书少的现象，营造阅读氛围，推动阅读社会的形成。所以，罗慈老师课末的拓展阅读，王文敏老师的《小王子》导读课，都是践行课标及新教材的理念，努力推广阅读。今天我们仅想抛砖引玉，期待大家都行动起来，共同推广阅读，做孩子们阅读的点灯人。

《日月潭》教学设计（第二课时）

普宁市流沙第二小学　罗慈

【教学目标】

（1）复习生字新词。

（2）能正确、流利地朗读课文，背诵第2～4自然段。

（3）理解"群山环绕""隐隐约约""好像披上轻纱"等词语的意思，感受日月潭的优美景色，体会作者对日月潭的由衷赞美。（重难点）

【教学过程】

（一）复习导入，激发学习兴趣

（1）同学们，这节课我们将继续宝岛台湾之旅，下一站将抵达山清水秀、风景如画、令人神往的——日月潭。（齐读课题）

（2）想要进入日月潭景区欣赏美丽的风光，必须先闯关成功才能拿到门票。

第一关：摘苹果（检查生字）。

第二关：开火车（检查新词）。

（3）现在同学们已经顺利拿到了门票，就让我们一起走进日月潭吧！

（二）整体感知，了解地理位置

（1）齐读第1自然段，边读边思考：这美丽的日月潭在哪里？

（2）谁能用文中的句子告诉大家日月潭所在的位置？

（3）出示地图，找到日月潭具体位置。（补充资料说明日月潭到底有多大）

（4）知道了日月潭的大小以及地理位置，同学们能把这两句话读好吗？

（5）指导朗读：生读—教师范读—学生自由放声读—指名读。（提示突出重点词）

（三）看图想象，弄清名字由来

（1）这样的一个大湖为什么叫日月潭呢？请大家读一读第2自然段，想一想日月潭的名字是怎么得来的。

（2）同桌交流，看彼此想的是否一样。

（3）出示日月潭平面图，学生上台指图说名字由来。

（4）文中又是怎样叙述的呢？（齐读）

（5）引导学生用"因为……所以……"的句式说说日月潭名称的来历。

（6）比较句子，哪个好？为什么？

北边像太阳叫日潭，南边像月亮叫月潭。

北边像圆圆的太阳，叫日潭；南边像弯弯的月亮，叫月潭。

（7）指导朗读：指名读—男生读—女生读。（提示"圆圆的"和"弯弯的"要读重音）

（四）读中感悟，品味景色之美

（1）日月潭的名字很美，景色更美。自由朗读课文第3、4自然段，想一想：作者为我们描绘了日月潭什么时候的美景？

（2）你喜欢什么时候的日月潭呢？找出有关句子读一读，读出喜爱之情；再有感情地读给同桌听，并告诉他你觉得这个时候的景色怎样。

（3）分享交流，出示相应语句。

清晨美景

清晨，湖面上飘着薄薄的雾。天边的晨星和山上的点点灯光，隐隐约约地倒映在湖水中。

① 多美的语句呀！老师也特别喜欢，请大家闭上眼睛，一边听老师读，一边在大脑中"放电影"。

② 听了老师的朗读，你好像看到了什么？

③ 清晨，薄薄的雾下，日月潭的美景时而看得清，时而看不清。文中哪个词说的就是这个意思呢？

④ 大家想看看"隐隐约约的日月潭"吗？（看图理解"隐隐约约"）

⑤ 薄雾、晨星、点点灯光，让我们看到了日月潭隐隐约约的美。还有哪

些同学也喜欢清晨日月潭的景色，愿意把第3自然段读给大家听？

⑥ 指导朗读：指名读—愿意读的站起来读。（语速要慢一些，"薄薄的""隐隐约约"要读得轻柔一些，突出雾的特点）

晴天美景

中午，太阳高照，整个日月潭的美景和周围的建筑，都清晰地展现在眼前。

① 到了中午，太阳出来了，晨雾早已消散，日月潭的美景一览无余，想饱饱眼福吗？一起欣赏吧。（出示日月潭天晴时的美景图）

② 现在看到的日月潭和周围的建筑物，一切都很——清晰。（理解词语）

③ 这样的日月潭又给你什么感受？请把你的感受通过朗读表达出来。

④ 指导朗读：指名读—师生合作读。（语调稍高，读好"整个""清晰"，突出晴天的艳丽之美）

雨天美景

要是下起蒙蒙细雨，日月潭好像披上轻纱，周围的景物一片朦胧，就像童话中的仙境。

① 日月潭的天气真是变幻莫测，现在下起了蒙蒙细雨，刚才还很清晰的景物会有哪些变化呢？（出示图片）

② 相比刚才太阳高照下的清晰美，此时的日月潭……（引读）

③ 这句话中哪些词让你感受到雨中的日月潭也很美？

④ 雨中的日月潭让我们欣赏到了它的朦胧美。你能用朗读让大家感受到这种像在童话中的仙境一般的感觉吗？

⑤ 指导朗读：指名读—小组赛读。（读得舒缓一些，声音轻柔一些）

⑥ 日月潭无论是晴天还是雨天，各有它独特的美，真是"水光潋滟晴方好，山色空蒙雨亦奇"！同学们读得这么好，老师也想配着音乐，用自己的朗读把日月潭的美带给大家。

（4）日月潭的景色这么美，它周围的环境又如何呢？

周围美景

那里群山环绕，树木茂盛，周围有许多名胜古迹。

① 看图理解"群山环绕""树木茂盛""名胜古迹"。

② 从这句话中，你知道日月潭是一个怎样的地方吗？

③ 指导朗读。（"群山环绕""树木茂盛"要重读，语速稍慢）

（5）正因为日月潭周围绿树青山环绕，葱葱绿绿的美景倒映湖中，所以湖水也成碧绿的了。（齐读句子）

（6）这青山、绿树、碧水一起组成了日月潭的美景，就像是一块碧绿的大宝石飞落山中，难怪作者发出这样的感慨。（生读最后一个自然段）

（7）日月潭风光秀丽、风姿迷人，使我们陶醉其间。让我们在优美的音乐声中，再齐读一遍课文，感受日月潭独特的美。

（五）拓展补充，升华学生情感

（1）其实不仅日月潭，宝岛台湾还有许多美景吸引着中外游客流连忘返。想不想欣赏？（播放图片）看到这么多的美景，同学们一定也很想去游览游览吧！

（2）这次愉快的台湾之旅就此结束，请保留好你们这张珍贵的日月潭门票，它将会是你永久的记忆。

（六）布置作业

（1）当一回"小导游"，向家人介绍美丽的日月潭，力争用上积累的好词佳句。

（2）背诵第2～4自然段。

（3）把课文中的好词好句摘抄下来。

【板书设计】

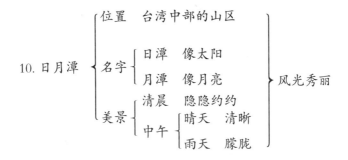

以"课"传情，用"研"达意

——记2020年广东省吴佩新名教师工作室送教下乡活动

普宁市流沙第二小学　王文敏

为充分发挥名教师工作室的示范引领和辐射带动作用，提升乡村学校教师的教育教学能力，根据《广东省教育厅办公室关于开展新一轮（2018—2020）省中小学幼儿园名教师、名校（园）长工作室送教下乡活动的通知》（粤教继办函〔2018〕61号）文件精神，2020年10月20日，广东省吴佩新名教师工作室开展了新一轮的送教下乡活动。

金秋十月，天高云淡，清风送爽。在普宁市教育局教研室语文教研员马丹虹、广东省名教师工作室主持人吴佩新的带领下，工作室成员沐浴着和煦的晨光，前往军埠镇后楼小学开展送教下乡活动。

参加本次活动的有军埠镇教育组组长、普教视导员、后楼小学全体班子成员及镇语文中心教研组成员、镇青年语文教师代表等。活动由军埠镇教育组视导员陈涌鑫校长主持。陈校长对与会的领导、教师致以热情的欢迎，隆重介绍了活动的议程。

议程第一项由广东省吴佩新名教师工作室的核心成员罗慈老师为大家带来统编版小学语文二年级上册第10课《日月潭》课例。

罗老师以精湛的教学技巧、对教学目标的精准把握、精心的教学设计、精彩的教学手段及精良的课件制作赢得了听课领导、教师的赞赏。上课伊始，罗老师便以"闯关"复习激发学生的兴趣，让人耳目一新。然后，罗老师围绕"日月潭美在哪儿"这个牵一发而动全身的问题，引导学生从日月潭的地理位置、名字由来、美丽景色等方面逐层感悟。罗老师根据年段特征，采用以读代讲、图文结合的教法，深入浅出地引导学生走进文本，在多种形式的读中感悟日月潭的秀丽风光，既锻炼语文能力，也获得美的熏陶。课上，罗老师美美地范读尤其吸引听课者们，她的声音甜美，情感饱满，令人赞叹。

第二项议程是评课议课。各校代表各抒己见，纷纷发表他们对这节课的看法，最后由普宁市语文教研室马丹虹老师做中肯的点评，她指出罗老师的课有三大亮点：①能明确本单元的语文要素，抓住重点进行教学；②阅读教学扎实，做到精讲精练，既突出人文性，又渗透了阅读方法；③以提升学生的语文素养为目标，精准地把握教学语言。同时她再一次强调了低年级的语文教师要坚持用粉笔板书，以对学生的写字起到示范性作用。

正所谓课堂的教学艺术永无止境，评课交流不仅推动了课堂教学的更完善，也传递出所有热爱小学语文教学的教师那份执着的信念及虚心学习的态度。

如果说罗老师送的"课"是一场视觉盛宴的话，那么广东省吴佩新名教师工作室的主持人吴佩新副校长带来的专题讲座"用好统编教材，提升语文素养"则是一次荡涤心灵的研修场。

吴校长虽声音不高，却字字珠玑，处处显露出真知灼见。她先跟大家介绍了工作室的建设历程，从她轻柔的声音中，不难听出她对工作室所倾注的热情及心血。

接着，进入讲座的主题，她提出要用好统编版教材，首先要领会编写的基本理念，把握教材的编写特色，这样才能真正做到用教材教，充分发挥统编版教材的作用。

吴校长先带领大家了解统编版教材编写的七大创新特色：①选文更加严谨科学；②单元结构更加灵活；③重视语文核心素养，重建语文知识体系；④加大课型区分度，阅读教学实现"三位一体"；⑤课外阅读是分内事；⑥识字写字教学更加讲究科学性；⑦提高写字教学更加讲究科学性。

其中，吴校长还就"什么是语文学科素养"分享了崔峦老师所归纳的五个要点：①人格雏形的素养；②关键语文能力；③提高阅读素养；④自学能力，独立思考能力；⑤沉淀文化，提高审美教育。

那么，了解了统编版教材的编写特色后，要如何把它实施于课堂教学中呢？吴校长以罗慈老师执教的《日月潭》为例，提出了以下四点建议。

第一，注重语用实践活动，提升语文运用能力。

第二，关注双线组元结构，梯次发展语文能力。

第三，重视阅读兴趣培养，提高阅读素养。

第四，加强学习，努力提升专业素养。关于如何提升自身专业素养，吴校长诚恳地分享了她的两点心得：①多读书；②勤动笔。

最后，吴校长热情洋溢地说："总之，我们要深入解读统编版教材，用好统编版教材，培养学生语文核心素养，为学生一生的发展打下良好基础。"她的发言博得了热烈的掌声。看看时间，将近正午了，可在场的领导、教师都意犹未尽，脸上也洋溢着热切的笑容。

广东省吴佩新名教师工作室就是通过这样以"课"传情、用"研"达意的送教下乡活动，践行着工作室"示范引领和辐射带动作用，提升乡村学校教师的教育教学能力"的职责和使命。

《老人与海鸥》教学设计（第二课时）

普宁市南径镇大陇小学　李雪吟

【教学目标】

（1）有感情地朗读课文，感受老人对海鸥的爱与海鸥对老人的感情。

（2）抓住课文的重点词句，体会句子的意思，并揣摩作者是如何把老人与海鸥之间的感情写具体的。

【教学重难点】

教学重点：抓住课文中的重点词句，通过朗读、想象，从而体会海鸥对老人的深厚情谊，了解作者是如何将海鸥对老人的真挚情感写真实、写具体的。

教学难点：抓住课文中的重点词句，能感受到海鸥对老人的真挚情感。

【教学过程】

（一）复习导入

同学们，通过上节课的学习，我想老人与海鸥相依相随的画面一定给你留下了深刻的印象，我们知道老人与海鸥之间发生了哪些事？（板书课题；学生回答后板书：喂海鸥、唤海鸥、谈海鸥）今天，让我们再次走进那动人的情景，感受那浓浓的亲情。

（二）抓住重点语句，感悟深情

1. 师（过渡语）：当大家都沉浸在老人与海鸥这份浓浓的亲情中的时候，一个不幸的消息传来了，什么消息呀？一起说。（没想到过了十多天后，忽然有人告诉我，老人去世了）

2. 师：老人在世的时候，曾向人们说过他的心愿。他说，当他去世以后，希望人们能把他的遗像放大，带到翠湖边，让他最后再看一眼他的"子女们"。人们遵照他的遗愿把遗像带到了翠湖边，却发生了一件意想不到的事。请同学们自由读第14～17自然段，边读边想哪些句子让你感动，并把它画出来。①快速朗读课文，画出文中让你感动的部分。②汇报交流。

重点语段品读1：

意想不到的事情发生了——一群海鸥突然飞来，围着老人的遗像翻飞盘旋，连声鸣叫，叫声和姿势与平时大不一样，像是发生了什么大事。

（1）抓住"突然飞来"，理解这句话令人意想不到的原因。

为什么会"突然飞来"？之前可不这样啊！老人撮起嘴向鸥群呼唤后，海鸥才会应声而来，可是现在只是老人的一张照片，海鸥并没有听到老人的呼唤，却"突然飞来"，这是为什么？

（2）为什么要"翻飞盘旋，连声鸣叫"呢？

（3）是呀！我们分明看到了一只只焦急而又悲伤的海鸥！让我们再一起来读一读这句话。（生读）

师（过渡语）：海鸥们"翻飞盘旋，连声鸣叫"，老人却始终一动不动，海鸥们终于明白，老人已经永远地离它们而去，于是在翠湖边上，出现了海鸥和老人告别的感人场面。

重点语段品读2：

海鸥们急速扇动翅膀，轮流飞到老人遗像前的空中，像是前来瞻仰遗容的亲属。

（1）你感受到了什么？从哪个词感受到的？

（预设：学生说到"瞻仰"，理解"瞻仰"的意思）"瞻仰"指恭敬地看，一般指对伟人的尊敬，老人是伟人吗？（学生讨论汇报）

（2）老人不是伟人，他只是一个普普通通的平凡人。接下来介绍有关老人的生平和事迹，总结老人在海鸥心里就是伟人的形象，海鸥很尊敬他。

（3）你能读出海鸥对老人这种亲人般的温情吗？

（指名读这句话，生齐读）

重点语段品读3：

过了一会儿，海鸥纷纷落地，竟在老人遗像前后站成了两行。它们肃立不动，像是为老人守灵的白翼天使。

（1）你从中体会了什么？（生发表意见）

（2）它们像是前来瞻仰遗容的亲属，作为"儿女"的海鸥们，当时的心情是怎样的？

师（过渡语）：海鸥也像人一样，有着人一样的情感，急速翻飞后，海鸥们"纷纷落地""竟在老人遗像前后站成了两行"，它们是那么严肃和安静，也许它们知道老人再也不回来了，于是它们默默地肃立，好像在为老人守灵。（生齐读）

师：体会告别的场面，最让我们震撼的是什么？

重点语段品读4：

当我们不得不收起遗像的时候，海鸥们像炸了营似的朝遗像扑过来。它们大声鸣叫着，翅膀扑得那样近，我们好不容易才从这片飞动的白色旋涡中脱出身来。

（1）这一段值得大家好好体会，谁有信心来读一读？（生读）

（2）读了这段话，你有什么样的感受？（生谈感受）

（3）把"扑"字换成"飞"字，行不行？（学生讨论汇报）

（4）"白色旋涡"说明了什么？

正是因为海鸥如此多，而所有的海鸥都大声鸣叫着，朝遗像扑过来，飞动的翅膀形成"白色旋涡"，使我们几乎无法脱身，从中你看出了什么？

（5）这惊心动魄、让人为之动容的葬礼，同学们再自由读一读这段，读出海鸥们的一片深情。

（6）师（解说）：海鸥们站成两行，它们一动不动地为老人守灵，在心里呼唤着："老人，就让我们做你的儿女，让我们为你守灵，为你祈祷吧！"老人的遗像不得不搬走了，海鸥们不顾一切地扑过来，大声鸣叫。同学们，拿起你的书，我们一起再来有感情地读第15～17自然段。（生齐读）

师：太多的感动，太深的触动，作者无法用文字来表达，所以课文用省略号，它包含着千言万语。此时，这个省略号真是无声胜有声啊！

（三）引导学生质疑：此时此刻，你有什么问题想问呢？（生提问）

预设问题：究竟是什么原因会发生这样的事？（生汇报）

回读：老人顺着栏杆边走边放，海鸥依他的节奏起起落落，排成一片翻飞的白色，飞成一篇有声有色的乐谱。

师："节奏"是音乐的灵魂。老人喂海鸥的节奏是怎样的？（生回答）

师：多有意思啊！表面上看是海鸥依着老人的节奏在起起落落，而事实上是老人在依着海鸥的节奏边走边放。（指名读）

过渡语：多美妙的一支歌呀！可如今却变成了一首悲情的哀歌，齐读课文最后一个自然段。

（四）想象写话——深入品味老人与海鸥至死不渝的亲情

（1）师（过渡语）：是啊，老人的心里牵挂的还是海鸥，海鸥们对老人也是依依不舍，我想，他们一定还有好多好多的话想向彼此倾诉，让我们一起来帮他们完成这个心愿吧！

生想象写话：

① 假如你是一只老人喂养过的海鸥，面对天堂里的老人，你会对他说些什么？

② 假如你是天堂里的老人，回忆与"儿女们"海鸥相伴的一幕幕，面对悲痛欲绝的海鸥，你会对它们说些什么？

（2）交流。

（五）拓展升华——人与动物和谐相处

师：多么诚挚的语言，多么动人的情感，老人与海鸥之间的故事感动了很多很多人，后来，人们在翠湖公园里建立了一个雕塑（出示图片）。

师（解说）：老人依旧满脸慈祥的笑容，周围，海鸥翩然翻飞，多么和谐的场面！其实生活中，像老人一样爱护动物的人还有很多，有你，有我，有大家。老人虽已故，但他爱护动物的善举永远在人间传承。让我们每个人都来关爱动物，都与动物和平共处吧！

（六）作业布置

你的周围有小动物吗？你是如何与它们相处的？把你和小动物之间的感人故事写下来。

【板书设计】

21. 老人与海鸥

<pre>
                    无私的爱
      人   ◄─────────────────►   鸥
                    深情送别
      喂海鸥   翻飞   哀鸣
      唤海鸥   瞻仰   肃立
      谈海鸥   扑   鸣叫

              和谐相处
</pre>

《圆明园的毁灭》教学设计

惠来县实验小学　翁泽星

【教材简析】

这篇精读课文描述了圆明园昔日辉煌的景观和惨遭侵略者肆意践踏而毁灭的景象。课文语言简洁，结构严谨，构思颇具匠心，题目为"毁灭"，却用了大量的篇幅写它辉煌的过去，把美的东西毁灭了，这真是一个悲剧，更能激起读者的痛心与仇恨，表达了作者对祖国灿烂文化的无限热爱，对侵略者野蛮行径的无比仇恨，教育人们不忘国耻，增强振兴中华的责任感和使命感。

选编本课的意图是引导学生把阅读、感悟、想象结合起来，把收集与整理、运用资料结合起来，再现圆明园昔日的辉煌壮观，让学生记住屈辱的历史，增强民族使命感，激发热爱祖国灿烂文化的感情。

【设计理念】

这篇课文文字优美，字里行间饱含作者强烈的思想感情，教学时可以以情激情，以读激情，以景激情，以史实激情，特别是要重视以读激情，充分体现阅读教学"以读为本"。通过读书，交流课前收集的资料，运用多媒体课件，把学生带入创设的情境中，引导他们把最感兴趣的景观想象出来，并谈一谈自己脑海里浮现的画面。感受到圆明园的瑰丽与辉煌再去读圆明园的毁灭，更能激发学生对侵略者野蛮行径的无比仇恨，教育学生不忘国耻，增强振兴中华的责任感和使命感。

【教学目标】

（1）认识6个生字，会写14个生字；能正确读写"估量""殿堂""销毁""灰烬""举世闻名"等词语。

（2）有感情地朗读课文。背诵第3、4自然段。

（3）理解课文内容，了解圆明园辉煌的过去和毁灭的经过，激发热爱祖国文化、仇恨侵略者的情感，增强振兴中华的责任感和使命感。

（4）领悟文章的表达特点。学习与运用搜索、整理资料的方法。

【教学重难点】

教学重点：让学生了解圆明园毁灭这一屈辱的历史，激发爱国之情。

教学难点：引导学生读文、想象，在脑海中再现圆明园昔日的辉煌景观，体会作者安排材料的独特之处。

【教学过程】

第一课时

（略）

第二课时

（一）板书课题引入，奠定主题基调

（1）同学们，今天我们要继续了解圆明园，（板书）学生跟读。点明含义，"圆"是"圆满无缺"的"圆"，"明"是"光明普照"的"明"，"园"是"皇家园林"的"园"。齐读"圆明园"。

（2）出示图片，你会有怎样的感受？这些感受都源于一个词——毁灭。一座圆满无缺的皇家园林，一座光明普照的皇家园林，被两个强盗毁灭了。补充完整课题。

（二）自由读课文，整体感知

（1）自由读课文，边读边回忆，读后说说你都知道了什么。

（2）读后交流，在交流中深入感受课文。

（三）提挈课文头尾，激发情感

（1）针对第1自然段的内容。（读了第1自然段，你知道了什么）

抓住文中的两个"不可估量"，点明文章的要旨。

① 接着学生的回答追问：书上怎么说？作者用了哪个词语来形容这种损失？什么叫"不可估量"？课文中用了几个"不可估量"？（板书：不

可估量）

② 打开课文，映入你眼帘的第一是"不可估量"，第二还是"不可估量"，此时此刻，你的内心是一种什么滋味？（痛惜、愤怒、痛恨）为什么？此时此刻，你内心的这份感受、这种心情可以估量吗？（板书：不可估量）

（2）针对第5自然段的内容。（读了最后一个自然段，你知道了什么）

① 大火连烧三天的结果是？（板书：化为灰烬）

② 什么化为灰烬了？（古代劳动人民的心血和智慧；艺术的瑰宝；建筑艺术的结晶）（板书：化为灰烬）

③ 课文至"化为灰烬"四个字时戛然而止，你的内心是一种什么滋味？

④ 把积郁在你心中的感受通过你的朗读宣泄出来。（指导朗读）

（3）紧扣课文重点，体悟情感。

针对第2～4自然段的内容。（除了这些，你从书上还知道了些什么）

① 接着学生的回答追问：书上还用哪些词来形容这座皇家园林？（举世闻名）

② 圆明园凭什么举世闻名？（宏伟建筑、珍贵文物）

针对第3自然段的内容。

③ 你知道课文的哪个自然段写了这举世闻名的宏伟建筑？找到写建筑的自然段自己读。

④ 这段话写圆明园的建筑景观一共用了多少个"有"？（7个）从这7个"有"你体会到了什么？

这一段留给我们深刻的印象，圆明园的美景是写不尽、道不完的。从哪些语句中可以看出这一点？请举例。

（四）拓展背景，加深理解

学完了这篇课文，或许你还有很多不清楚的地方，说说你还想知道些什么。（读后交流，通过追问，了解学生的动机）

（五）激情写话，激荡感情

（1）过渡：就是这样一座世界上最精美、最宏伟、最珍贵的皇家园林，却在一场空前的浩劫中化为灰烬。（观看视频）面对这把罪恶之火，你有什么话想说？

（2）学生动笔写句："这把火，烧毁了＿＿＿＿＿＿＿＿＿＿。"

（六）全文总结

圆明园的大火早已熄灭，可是我们思考的脚步不能停止。今天的学习只是给同学们打开了一扇小小的门，希望大家从这扇门出发，怀着更多的思考走向未来的人生。这才是这节课学习的真正目的。

【板书设计】

圆明园的毁灭

不可估量	不可估量	不可估量
举世闻名	宏伟建筑	珍贵文物
化为灰烬	化为灰烬	化为灰烬

【教学反思】

我认为，只有充分了解圆明园曾经是一座怎样宏伟与精美的建筑，学生才会受到震撼与感染。因此该课时主观的朗读与课件直观的音像图片资料双管齐下的教学手段非常重要，相得益彰。当学生对祖国的壮丽山河、丰富馆藏与中国劳动人民的智慧、杰出艺术品发出声声由衷的赞叹时，再顺势导出圆明园的毁灭这一部分。课前收集准备的资料使学生对这一部分的原因不再陌生，但学习有关圆明园被毁灭前的前期准备工作，经过读与看，充分地酝酿后，使学生完全领悟了为什么老师说"圆明园"这三个字是国人心中永远的痛，文章中介绍说它的毁灭也是世界文化史不可估量的损失。这样，学生才能对圆明园的毁灭有深刻的感触，对英法侵略军的可耻行径感受愤怒与屈辱。

学习完第5自然段后，学生纷纷表示对英法联军的愤怒和仇恨以及对当时国力软弱乏力的痛心。接着，我设计再次播放课件，引导学生观看现在的圆明园是什么样子，启发学生回首历史，让人扼腕叹息，除此之外，我们还能干什么呢？对于我们这个民族的昨天、今天与明天，还能做些什么？由此引导学生记住国耻，明白落后就要挨打，只有国家富饶、国力富强，才能避免这一耻辱重复上演。最后，我要求学生全体起立，摸着胸前的红领巾，对着课件显示的总结语起誓：勿忘国耻，为中华之崛起而读书。

这节教学课，针对我班学生朗读课文时平读的不良习惯，我注重要求学生朗读时注意找出重音、停顿、快慢与情感的变化，并示范朗读，使学生较快地了解到朗读中如何将情感的渗透与读的技巧相糅合，逐步养成良好的朗读意识。在教学中，我注意引导语言的风趣与形象，使学生感兴趣，有兴趣，听得入耳，形成师生良好的互动关系。

《纸船和风筝》教学设计

普宁市流沙第二小学　陈敏玲

【教材分析】

《纸船和风筝》是部编版教材二年级上册第八单元第23课的课文。第八单元的主题是要让学生通过童话故事，感受应该怎样与人相处。而本课又是一篇感人至深的童话故事，纸船和风筝带着问候，带着祝福，带着谅解，带着浓浓的真情，在山顶和山脚架起了一座七彩的友谊长桥。纸船和风筝让松鼠和小熊成了好朋友，成了维系、发展它们友情的纽带。

故事的动人之处在于，当松鼠和小熊因为一点小事吵了一架之后，它们表现出的内心失落和孤独以及修补"裂缝"的独特方式与感人场面。只要我们带着一颗童心，带着对真挚友情的向往去学习课文，就一定会被深深地感染。当我们的感情和友谊产生"裂缝"的时候，赌气只能使"裂缝"扩大，容忍和谅解才是最好的解决办法，敢于率先伸出友谊之手的人，是令人敬佩的。

另外，本篇文章有两大特色：首先，这是一篇童话色彩浓郁的文章，生动有趣的场景和浅显易懂的语言易于让学生走入文本，理解文本。其次，本文语言也很有特色，如"祝你快乐""祝你幸福""如果你愿意和好，就放一只风筝吧"，通过对此类语言的学习，学生在人际交往中能更好地沟通。

让学生正确、流利、有感情地朗读课文，并对怎样交朋友和维护友谊有一定的感受，是本课教学的重难点。

纸船和风筝对学生来说是他们司空见惯的玩具，童话故事也是学生乐于接受的文学形式，乐于结交好朋友更是小学生共有的特征。故事中的曲折接近学生的生活实际，会令这些天真、善良的孩子感受深刻。而且，学生对充满童趣的故事有着浓浓的兴趣，他们喜欢模仿各种语气、神态、动作进行朗读，并能结合自己简单的生活经历和情感体验，在朗读中提出自己的见解，表达自己的感受。

【教学目标】

（1）知识与能力目标：学习生字；能正确、流利、有感情地朗读课文；替小熊写一张卡片送给松鼠，发展语言。

（2）过程与方法目标：以读贯穿教学始终，通过创设情境、换位体验等方式来培养和提高学生的语言感悟能力、朗读能力、想象能力。

（3）情感态度与价值观目标：懂得当我们的感情和友谊产生"裂缝"的时候，容忍和谅解才是最好的解决方法，敢于率先伸出友谊之手的人，是令人敬佩的。

【教学准备】

图片、词卡、多媒体课件。

【教学课时】

2课时。

【教学过程】

第一课时

（略）

第二课时

（一）复习巩固，回顾课文

1. 学生巩固复习字词

松鼠、小溪、愿意、屋顶、门口、漂流。（开火车读，指导学生读准字音）

风筝、纸船、松果、草莓。（个别读，指导学生用词说一句话）

2. 过渡

下面就让我们跟着这小小的纸船和美丽的风筝再次走进这个童话故事吧！

（1）创设情境，教师借助简笔画帮助学生回顾课文。

（2）松鼠和小熊是怎样成为好朋友的呢？带着这个问题，生轻声自由读课文第2~6自然段。

（二）读悟交融，感悟友情

1. 建立友谊

（1）（出示纸船图）纸船里还放着一个小松果，松果上挂着一张纸条，看看，上面写了什么？指导朗读祝福的话。（大声地读、轻轻地读、甜甜地读）

（2）小熊收到松鼠的祝福了吗？从哪一段看出来的？

（3）小熊为什么"乐坏了"？

（4）出示"小熊拿起纸船一看，乐坏了"，指导学生朗读。（个别读、齐读）

（5）小熊现在又会想些什么呢？

（6）说做就做，看，小熊的风筝也飞上了天空，松鼠收到礼物的心情又是怎样的呢？从哪一段能读出这样的感受？（指导学生配上动作朗读课文第5自然段）

（7）多好的一对朋友哇，它们都把祝福送给了对方。（创设情境，师生互动送祝福）

（8）纸船和风筝给它们带来了多少快乐啊，再读一读课文第2~6自然段吧，一起去分享这份快乐。

（9）读课文的时候，注意到"漂哇漂""飘哇飘"这两个词了吗？请一名同学把这两个词分别贴在纸船和风筝的旁边，并说说为什么要这样贴。

（10）比较句子。

课件出示：纸船漂到了小熊家门口。

纸船漂哇漂，漂到了小熊家门口。

这两句话有什么不同？你觉得哪一句写得美？指导感情朗读。

（11）用刚才的方法比较下面两句，并有感情地朗读。

课件出示：风筝飘到了松鼠家门口。

风筝飘哇飘，飘到了松鼠家门口。

2. 维护友谊

过渡：纸船和风筝让它们成了好朋友，给它们带来了多少欢乐呀！可是，正当它们沉浸在幸福、快乐之中的时候，却为一点小事吵了一架，山顶上再也看不到飘荡的风筝（摘掉风筝），小溪里再也看不到漂流的纸船（摘掉纸船）。生默读课文第7～11自然段，用心体会松鼠和小熊的心情。

（1）引导学生联系生活实际，体会和好朋友吵过架后谁也不理谁的时候，心情怎么样。

（2）创设情境，引导学生体会松鼠和小熊的心情。

师扮小鸟：

① 我想去看看小熊，跟我来吧。

小熊你好，你今天怎么看起来垂头丧气的呀？

我怎么发现你还在扎风筝呢？

为什么不把风筝放出去，而是把它挂在树枝上呢？

② 松鼠又是怎么想的？我们一起去听听吧。

松鼠你好，刚才我去了小熊家，它现在心里可难过了，你现在心里又是怎样的？你在做什么呢？

（3）指导朗读第8、9自然段。

（4）小熊和松鼠心里都很难过呀，那它们最终和好了吗？引读课文第10～11自然段。

① 一天、两天，一连好多天过去了，它们还是谁也不理谁，松鼠看看空荡荡的天空，感到孤独极了，过了几天……（引读第10自然段）

（课件出示：如果你愿意和好，就放一只风筝吧！）重点指导朗读。

② 小熊看到了这只纸船，仿佛也听到了松鼠的心里话，它多么激动啊，它马上放飞了一只风筝，风筝飘哇飘……（引读第11自然段）

（5）风筝飘起来了，纸船也漂起来了，它们又回到了那幸福美好的时光，（再次粘贴纸船和风筝的图）再读读这两个自然段。

（三）创新拓展，放飞感情

（1）松鼠和小熊吵架后，松鼠率先伸出了友谊的双手，在纸船上写上："如果你愿意和好，就放一只风筝吧！"（课件出示）这是多么真诚而感人的话啊！傍晚，小熊放飞了风筝，如果小熊写了一张卡片挂在风筝上，它会写什么给松鼠呢？试着跟同桌说说，能写的同学请写一写。

（2）在生活中，我们难免会和朋友争吵、闹矛盾，我们也应该像文中可爱的松鼠一样，主动伸出友谊的双手，和朋友言归于好。

（四）布置作业

（1）把《纸船和风筝》的故事讲给爸爸妈妈听。

（2）课外阅读关于友情的童话故事，或者读读老师推荐的课外书。

【板书设计】

23.纸船和风筝

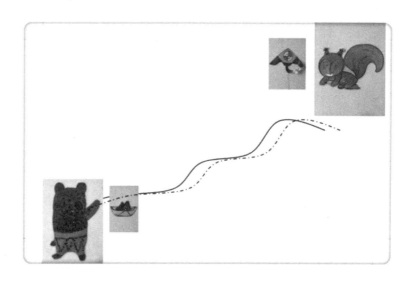